Birgit Kelle
Muttertier

www.fontis-verlag.com

Für alle meine Kinder

Birgit Kelle

Muttertier

Eine Ansage

Bibliografische Information der Deutschen Nationalbibliothek
Die Deutsche Nationalbibliothek verzeichnet diese Publikation in der Deutschen Nationalbibliografie; detaillierte bibliografische Daten sind im Internet über www.dnb.de abrufbar.

2. Auflage 2017

© 2017 by Fontis – Brunnen Basel

Umschlag: Spoon Design, Olaf Johannson, Langgöns
Fotos Umschlag: Kerstin Pukall, Pukall Fotografie Studios, Norderstedt & Borstel
Satz: InnoSet AG, Justin Messmer, Basel
Druck: Finidr
Gedruckt in der Tschechischen Republik

ISBN 978-3-03848-124-9

Inhalt

Vorwort: Hört auf, uns zu befreien! 7

Kapitel 1: Bis zum letzten Atemzug 23
Kapitel 2: Was ist weiblich? 33
Kapitel 3: Kinderlose Mütter 49
Kapitel 4: Wie viel Kind braucht die Mutter? 61
Kapitel 5: Nimm endlich teil! 79
Kapitel 6: Wir Retro-Weibchen 93
Kapitel 7: Der Staat, dein Feind und Ausbeuter 107
Kapitel 8: Mutter-Ersatzstrukturen 129
Kapitel 9: «Guter Hoffnung» war gestern 151
Kapitel 10: Früher war die Mutter sicher 173
Kapitel 11: Kontaktreiche Beziehungsarmut 193
Kapitel 12: Weibliche Frauen 217

Anmerkungen 237

Vorwort
Hört auf, uns zu befreien!

Eine glückliche Mutter ist eine Provokation. Sie ist selbstverständlich gelebte Weiblichkeit. Sie kann Leben schenken und Leben weitergeben. Was für ein Potenzial.

Mutterglück – allein das Wort dreht den Fossilfeministinnen schlicht den Magen um. Haben sie nicht jahrelang gekämpft, um uns von diesem «Mythos» zu befreien? Oder sollten wir nicht gleich sagen: von unserer weiblichen Natur? Mein Gott, Mädchen, jetzt begreif doch, dass du in Fesseln liegst und dich endlich von deinem biologischen Erbe lösen musst. Ganze Generationen von Feministinnen haben sich damit abgemüht, uns auf Kurs zu bekommen.

Zuerst hat man uns von unseren Männern befreit, jetzt müssen nur noch die Kinder weg, dann kann es endlich losgehen mit der grenzenlosen Emanzipation, der absoluten Freiheit. Ohne Verpflichtung, ohne Bindung, ohne Familie – also ohne Leben.

Was für eine Verheißung ...

Früher legten wir Karrieren auf Eis, um Kinder zu bekommen. Heute sollen wir unsere Eizellen auf Eis legen, um Karriere zu machen. Um unsere besten Jahre der Firma statt unseren Familien zu schenken. «Social Freezing» heißt der Trend aus den USA, und «soziales Einfrieren» ist in der Tat eine gute Übersetzung dafür. Denn wir sollen nicht nur die Eizellen einfrieren, sondern auch den Kinderwunsch, die Sehnsucht nach Beziehung und die Zeit für Familie. Dafür bezahlen sie uns die Lagerung unserer Eizellen in Tiefkühlfächern. Danke auch.

Bloß nicht in Abhängigkeit geraten, Mädchen! Bloß nicht auf dein Bauchgefühl hören! Lass dir nicht einreden, dass du einen Kinderwunsch hast. Dass du leben, lieben und für andere sorgen willst.

Wie teuer es immer häufiger bezahlt wird, dass Frauen sich über Jahre einreden lassen, ihre Weiblichkeit könnte von der Mutterschaft abgekoppelt werden, darüber können diejenigen Frauen bitter berichten, die oft erfolglos in späten Jahren mit allen medizinischen und finanziellen Mitteln noch versucht haben, Mutter zu werden.

Mutterschaft ist zum Politikum geworden. Die Selbstverständlichkeit bisheriger Generationen ist abhandengekommen. Die Errungenschaften der künstlichen Verhütung brachten als Kehrseite der Medaille auch neue Entscheidungszwänge. Was früher als Schicksal angenommen wurde, muss heute wohlüberlegt sein. Man kann ja nicht einfach so dann Kinder bekommen, wenn sie kommen – wo kommen wir denn da hin?

«Mein Bauch gehört mir» war der Slogan der Abtreibungsbewegung. Lächerlich. Unser Bauch gehört immer weniger uns selbst, denn er ist heiß begehrt als potenzielle Brutstätte. Und wird inzwischen sogar auf ganz neue Art ausgebeutet.

Heute kann man weltweit sein Kind nicht nur verhindern, sondern auch im Mutterleib töten und sogar auf dem internationalen Markt verkaufen. «Leihmutterschaft» nennt sich das Geschäftsmodell, nur dass nicht die Mutter ausgeliehen, sondern stattdessen eine Gebärmutter gemietet und das Kind verkauft wird. *To rent a womb* nennen es die pragmatischen Amerikaner. Schöne neue Mütter-Welt.

Nirgendwo protestieren Feministinnen gegen diese menschenverachtende Praxis, die man ehrlicherweise als das bezeichnen muss, was sie ist: moderner Menschenhandel. Was sollen sie auch sagen, die Damen Feministinnen, es sind ja gerade auch ihre lesbischen Schwestern, die diese Option rege nutzen.

Oh ja, er wird immer noch gebraucht, unser Bauch – und doch verleugnet. Wir sollen immer noch Mütter werden, aber um Himmels willen nicht zu viel Zeit darauf verschwenden. Es könnte uns ja gefallen. Wir könnten auf den Geschmack kommen und uns böswilligerweise vom Arbeitsmarkt fernhalten. Die Selbstverständlichkeit des Mutterseins ging verloren, seit wir in den Feuilletons statt in den Wohnküchen unsere Frauenleben diskutieren.

Sollen wir Mütter werden, und wenn ja: wann und von wem oder von wie vielen? Und wären wir überhaupt eine gute Mutter? Ruinieren wir damit nicht von der Figur übers Sexleben bis zur Karriere unsere Existenz? Für jedes Problem ein Ratgeber. Für jede Frage eine Frauenzeitschrift. Immer mehr Fragen, immer weniger Antworten in einer getriebenen Welt, die für die Zeitlosigkeit der Mutterschaft keinen Platz mehr findet. Geblieben ist die Sehnsucht nach Weiblichkeit. Bei den Männern sowieso.

Auch die genderbewegten Jungfeministinnen bringen uns derweil keine Lösungen. Neue schon gar nicht. In der Regel kinder- und ahnungslos, sind sie schwer damit beschäftigt, neue, possierliche Geschlechterdefinitionen zu finden und höchst gendergerecht ihren letzten Rest an Weiblichkeit optisch und mental selbst zu entsorgen. Oder sich neuerdings mehr für die Belange von Transmännern und adoptionswilligen Schwulen einzusetzen als für Millionen von Frauen, die wirklich andere Sorgen haben.

Gut, man muss das verstehen. Es ist natürlich auch wichtig, dass sich die «Queer-People» aus dem vegan-lesbischen

Arbeitskreis mit Hang zu bisexuellen «Cis-Frauen» gesellschaftlich «empowern» und mit Hilfe gendergerechter Sprach*Sternchen, Unisextoiletten und Ampelweibchen an ihrer *visibility* arbeiten. Schließlich muss der eigene Opferstatus nicht nur entdeckt und angeprangert, sondern auch langfristig kultiviert werden, um auch für das nächste Jahr noch ein Budget aus dem Staatshaushalt abzustauben.

Schon das Neusprech dieser vermeintlich modernen, selbsternannt «intersektional-feministischen» Bewegung ist so lächerlich dämlich, dass man immer aufwachen will – in der Hoffnung, aus Versehen vor dem Fernseher beim ARD-Satiregipfel eingeschlafen zu sein. Es gibt bloß kein Erwachen, stattdessen immer neue Gender-Lehrstühle.

Da wollen sie neu sein und rennen doch immer noch erbsenzählend den Männern hinterher, vergleichen eifersüchtig Macht und Posten. Kultivieren einen maskulinen Feminismus und merken es nicht einmal. Es hat schon eine ganz eigene Ironie, dass man mir männliche Karrieren anbietet, damit ich mich als Frau darin verwirklichen kann. Aber was bitte soll daran weiblich sein, dass wir nun das Leben von Männern führen dürfen?

«*Ihr* macht Stuhlkreise, *wir* tragen die Zukunft!», will man ihnen zurufen. Entgegen allen Totgesängen und jedem medial gehypten Mainstream sind wir nämlich immer noch da: beherzte Mütter. Weibliche Frauen. Wir sind die wahre Avantgarde. Ohne uns kein Leben. Wir bekommen nicht Kinder, weil wir sollen, sondern weil wir es wollen.

Wir sind die Muttertiere – wir spielen keine austauschbare Rolle, wir sind nicht totzuquatschen und dekonstruierbar im Morgenkreis universitärer AStA-Selbsthilfegruppen. Wir sind. Wir waren schon immer. Und wir werden auch dann noch sein, wenn die letzte kinderlose Emanzipationsbewegte sich ihr selbstdefiniertes Gender-Geschlecht auf den Grabstein hat gravieren lassen.

Die meisten Mütter, die mir in den vergangenen Jahren begegneten, waren nicht unzufrieden mit ihrem Leben, sondern mit der Resonanz auf selbiges. Ich habe noch nie eine Mutter kennen gelernt, die nicht schon zigmal in ihrem Leben mit der Frage konfrontiert wurde, warum sie nicht arbeite oder ob sie denn auch «was Richtiges» mache, außer Kinder zu hüten. Wann sie denn endlich wieder arbeite? Oder warum sie überhaupt studiert habe, wo sie doch nur Kinder hüte?

Zumindest die letzte Frage ist einfach zu beantworten: Damit wir klug genug sind, auf solche Beleidigungen nicht mit Handgreiflichkeiten zu antworten, sondern bestenfalls mit Ignoranz.

Vielen tun diese unaufhörlichen Beleidigungen aber stattdessen leider weh. Es tut ihnen weh, dass die Gesellschaft, ihre Politiker, ihre Arbeitgeber und manchmal sogar ihre Ehemänner und ihre besten Freundinnen der Meinung sind, dass das, was sie täglich tun, weniger wert sei als der stupideste Job an einem x-beliebigen Fließband. Dafür gäbe es nämlich Geld, wenn auch noch so wenig. Eine Mutter bekommt oft nicht einmal ein «Danke».

«Sie sprechen mir aus der Seele» – das ist immer noch der häufigste Satz, den ich von anderen Müttern höre, einfach nur, wenn ich darüber schreibe und spreche, warum es mich glücklich macht, Zeit für meine Kinder zu haben. Warum es mich wütend macht, wie die Politik mit uns umgeht, und warum ich für nichts in der Welt meine Kinder gegen eine Karriere tauschen würde.

Es macht mich wütend, dass so viele dieser Frauen in dem Bewusstsein leben, mit ihnen sei irgendetwas nicht in Ordnung, weil ihnen alle Welt erklärt, sie seien auf dem falschen Weg. Die meisten haben längst aufgegeben, ihren Standpunkt in Diskussionen überhaupt noch zu benennen. Sie schweigen. Aber sie sind wütend.

«Nur Mutter», «nur Hausfrau» – wie viele Frauen geben selbst schon diese Antwort auf die Frage, was sie denn tun. «Nur». Richtig, die Gehirnwäsche jahrzehntelanger «Befreiung» der Frau ist nicht spurlos an uns vorübergegangen. Sie führt so weit, dass wir als Mütter selbst schon unter den

Scheffel stellen, was wir täglich leisten. Sieben Tage die Woche, 24 Stunden täglich.

Wir nehmen seit Jahrzehnten hin, dass in unserer Gesellschaft Arbeit nur als solche definiert wird, wenn sie auch bezahlt wird. Was nichts kostet, ist nichts wert – nirgendwo zeigt sich dieser Grundsatz deutlicher als im Umgang mit Müttern. Und anstatt diese Tatsache anzuprangern, sind ausgerechnet Frauen ganz vorne mit dabei, wenn es heißt, die eigenen Geschlechtsgenossinnen zu degradieren, die sich partout nicht aus der «Gefangenschaft» als Hausfrau und Mutter befreien lassen wollen. Alle Argumentationen habe ich schon gehört in den Diskussionen der vergangenen Jahre.

Dass Mütter nicht arbeiten würden, ist ja noch der mildeste Vorwurf in einer langen Reihe von Beleidigungen zwischen «Heimchen am Herd», «Glucken», «Milchkühen» oder «Latte-Macchiato-Müttern», die den ganzen Tag in der sozialen Hängematte liegen und am Schaumlöffel lutschen. Kennt man ja, im Schaukelstuhl wippen und Kaffee schlürfen.

Man unterstellt, dass ich ein Opfer des Systems sei, welches mich in dem Bewusstsein sozialisiert hat, ich würde mich gerne um meine Kinder kümmern. Es sei aber gar nicht der Fall, dass ich das freiwillig mache. Erst müsse das System befreit werden, dann ich, und dann erst könne ich klar denken. Das waren die Worte einer anerkannten Soziologin, die unsere Bundesregierung berät.

Oder man unterstellt, wir ließen uns wie Prostituierte von unseren Männern aushalten. Schließlich böten wir körperliche Zuwendung im Tausch gegen finanzielle Zuwendung. Einmal Nutte, immer Nutte. Ist ja auch kaum ein Unterschied für manche. Ich stehe als verheiratete Mutter bloß nicht an der Straße, sondern am Herd. Es war übrigens eine Soziologin mit Doktortitel, die das so sah.

Ganz groß war auch die österreichische Feministin, die mir live in einer Diskussion erklärte, ich würde meinen Kindern schaden, wenn die den ganzen Tag bei mir wären. Damit war sie, ohne es zu wissen, auf einer Linie mit dem Sprecher der Bertelsmann-Stiftung, der sich im Zuge der Betreuungsgeld-Debatte in Deutschland dazu hinreißen ließ, in eine Kamera zu sagen, dass nicht nur Kinder, sondern auch die dazugehörigen Mütter ja zu Hause «verdummen».

Es war dann aber eine hochrangige Frauen- und Familienfunktionärin, die mich entgeistert anblaffte, ob ich mir «mein Hausfrauendasein» nun auch noch bezahlen lassen wollte, als ich bei der Diskussion in einer politischen Kommission einforderte, dass die kostenlose Familienarbeit, die

Mütter leisten, von der Gesellschaft auch finanziell, in welcher Form auch immer, honoriert werden müsse.

Doch was soll man als Mutter noch sagen, wenn selbst die Bundeskanzlerin – allerdings auch nur als eine von vielen – bereits den Begriff der «vergeudeten» oder «verschenkten» Potenziale in den Mund nimmt, wenn es darum geht, über Mütter zu reden, die böswilligerweise dem Arbeitsmarkt fernbleiben und damit aus Sicht von Feminismus, Wirtschaft und Politik etwas tun, das nahezu ungehörig erscheint: Sie verweigern sich den Mechanismen des Marktes. So marschieren sie in unheiliger Allianz gemeinsam: der Turbokapitalismus und die feministische Mädchenmannschaft mit freundlicher Unterstützung der Familienministerin ihres Vertrauens.

Und deswegen bekommen wir als Frauen auch kein politisches Angebot, wie wir tatsächlich Kinder bekommen können und dazu auch die Zeit und das Geld, um diese dann großzuziehen, denn in Wirklichkeit will das ja auch niemand.

Die Feministinnen wollen uns befreien aus den Fängen der Männer und der Kinder und schicken uns auf den Arbeitsmarkt. Die Wirtschaft will uns vor allen Dingen von unseren Kindern befreien, denn sie braucht unsere fleißigen Händchen, jetzt, da durch den demografischen Wandel die Fachkräfte knapp werden – und da stehen die Blagen einfach im

Weg rum. Was sollen wir unsere guten Uniabschlüsse beim Kochen am heimischen Herd vergeuden, wenn man doch genausogut eine Dienstleistung daraus machen kann, dass Kinder in Kitas großgezogen werden und Essen aus Großküchen geliefert wird. Husch, husch, ins Büro mit dir!

Und nicht zuletzt will uns auch die Politik noch befreien, selbstverständlich für den Arbeitsmarkt. Es ist ja auch nicht hinzunehmen, dass wir Mütter uns dem Steuerzahlen verweigern, wo doch jeder weiß, wie teuer diese ganze Familienpolitik mit ihren Kitaplätzen und Ganztagsschulen ist. Wer soll das alles bezahlen? Da müssen wir schon selbst ran, um all das zu finanzieren, was wir nicht bräuchten, würde man uns einfach nur in Ruhe lassen.

Aus der Sicht des Finanzministers leisten wir Mütter doch familiäre Schwarzarbeit. Wir ziehen unsere Kinder groß, ohne diese Arbeit zu versteuern. Dieser Skandal muss offensichtlich dringend behoben werden, indem wir familiäre Arbeit endlich in sozialversicherungspflichtige Dienstleistungsverhältnisse umwandeln, damit wir alle was davon haben. Böse Muttis, die sich dem verweigern.

Und natürlich nur richtig, dass die renitenten, selbsterziehenden Fremdbetreuungsverweigerinnen mit einer Hunger-Rente abgespeist werden. Schließlich haben sie ja ihr ganzes Leben lang «nicht gearbeitet», sondern «nur» in familiärer Schwarzarbeit Rentenzahler großgezogen.

Auch hier versagt der versammelte Feminismus komplett. Wo bleibt die Forderung, dass die Lebensleistung von Frauen, die oft nicht nur mit Liebe Kinder großziehen, sondern auch die Generation ihrer Eltern pflegt, zumindest in der Rente dafür nicht abgestraft, sondern belohnt wird?

Stattdessen bekommen wir selbst von unserer sogenannten Frauenministerin nur mitgeteilt, dass sie ja Verständnis hat, wenn man mehr als ein Jahr bei den Kindern bleibt. Wir sollten aber schon wissen, dass es ein finanzielles Risiko ist, dem Arbeitsmarkt fernzubleiben. Ein dahingeworfenes «Selbst schuld, Mädchen» ist alles, was wir von der «Ministerin für berufstätige Frauen» erwarten können.

Wir haben uns längst daran gewöhnt, dass wir als Mütter im zuständigen Ressort leider keine Zuständigkeit finden, weil wir leider das falsche Leben führen.

Auch bei der Konzeption der Rente merken all diese frauenbewegten Damen nicht, dass sie wieder nur einer männlichen Definition von Arbeit aufsitzen. Schlimmer noch, diese weitertreiben und damit all die Geschlechtsgenossinnen im Regen stehen lassen, die mit Ehrenamt und abseits des Arbeitsmarktes täglich und oft zum Wohl der Gemeinschaft arbeiten.

Nach der gängigen Arbeitsdefinition hat eine Mutter Teresa ihr ganzes Leben lang nichts geleistet. Keine Mutter hat etwas geleistet. Jeder, der sich ehrenamtlich engagiert, hat demnach auch nichts geleistet. Jeder, der sich um andere kümmert, nicht weil er muss und weil es sein Job ist, sondern weil er es gerne und aus Liebe tut, gilt per definitionem als untätig und faul. Und damit ist unser staatliches Rentensystem möglicherweise das letzte Relikt eines patriarchalen Gesellschaftssystems, weil es konsequent die häusliche Sphäre als Bereich des Nichtstuns definiert.

Da prangert eine ganze und nicht selten staatlich hochbezahlte Feministinnen-Zunft die Herrschaft des «alten weißen Mannes» an, die man bekanntlich endlich abschaffen müsse. Marschiert aber freudig mit, wenn nur das als Leistung definiert wird, was traditionell von Männern ausgeübt wird, und im Gegenzug das degradiert wird, was Frauen täglich tun.

Keine Frage, der schlimmste Feind der Frau ist einfach eine andere Frau. Kinderlose gegen Mütter. Berufstätige gegen Nicht-Berufstätige. Verheiratete gegen Alleinerziehende. Heimchen am Herd gegen Rabenmütter. Wäre ich Mann, ich würde mich entspannt zurücklehnen und nach dem Popcorn greifen. Denn mit dieser Methode verhindern Frauen seit Jahrzehnten, dass alle Frauen vorankommen.

Ausgerechnet eine Bewegung, die angetreten ist, «die Frau» zu befreien, lässt Millionen von Frauen im Stich, weil sie sich nicht in die schöne neue Emanzipationswelt einfügen wollen. Sehen wir doch den Tatsachen ins Auge: Man wollte uns nie befreien, man wollte uns einfach nur in ein neues Leben führen.

>Von verheiratet zu unabhängig.
>– Sagen wir besser: Allein.
>Von Familie zu berufstätig.
>– Sagen wir besser: Beziehungslos.
>Von Mutter zu kinderlos.
>– Sagen wir besser: Spurenlos.
>Von weiblich zu geschlechtslos.
>– Sagen wir besser: Seelenlos.

Inzwischen zucke ich regelmäßig zusammen, wenn die Politik, die Wirtschaft oder Berufsfeministinnen mir wieder mal etwas Gutes tun wollen. Jede «Befreiung» der Frau hatte bislang einen Haken. Es wird Zeit, dass wir als Mütter unsere Feinde kennen und benennen. Keine Befreiung kam bislang ohne Hintergedanken daher.

Wenn wir als Mütter befreit werden müssen, dann definitiv nicht von unseren Männern, unseren Kindern oder unseren Familienpflichten, sondern allerhöchstens von ungefragten Ratschlägen ahnungsloser Geschlechtsgenossinnen, die nicht wissen, wovon sie reden, wenn sie das Wort «Mutterschaft» mit der Kneifzange anfassen.

Wenn wir befreit werden müssen, dann von den Zwängen des kapitalistischen Marktes, während wir uns darum kümmern, dass auch morgen noch potenzielle Käufer all der produzierten Waren existieren.

Wenn wir befreit werden müssen, dann ganz sicher nicht durch, sondern von einer Politik, die vorgibt, uns helfen zu wollen, damit aber meint, dass wir gefälligst zu wollen haben, was man für uns vorgesehen hat.

Wenn wir befreit werden müssen, dann von den Auslassungen einer ignoranten Gesellschaft, die glaubt, eine Mutter, die Kinder großzieht, würde nicht arbeiten.

Ihr wollt uns also befreien? Sehr gerne. Der beste Weg dazu wäre, mal die Luft anzuhalten und zuzuhören. Wir sind alles große Mädchen, und was gut für uns ist, mit Verlaub, das entscheiden wir ganz alleine.

Wir sind Mütter. Wir tragen Verantwortung. Wir sind gekommen, um zu bleiben.

Wir hüten das Leben, wir hüten die Zeit. Wir hüten die Brut. Wir verteidigen sie wie Löwinnen. Wir geben ihr Wurzeln und Flügel. Wir lieben sie. Es ist nicht rational, es ist. Wir sind Muttertiere bis zum letzten Atemzug. Und das machen wir gut so.

Kapitel 1
Bis zum letzten Atemzug

Mutter zu werden ist nicht rational. Es ist eine Sehnsucht, ein Wagnis, vielleicht die größte Aufgabe, der man sich als Frau stellen kann. Einem anderen Menschen das Leben schenken. Das ist ein derart gewaltiges Unterfangen, dass man diese Worte vor Ehrfurcht flüstern müsste. Es ist für viele ein inneres Verlangen. Und im schönsten Fall das Sichtbarwerden einer Liebe.

Leben in mir. Ich kann kaum in Worte fassen, was dieser Moment einst in mir auslöste, als ich das erste Mal mein Kind in mir spürte. Ein zarter Windhauch. Dieser Wimpernschlag der Geschichte, von der Leichtigkeit eines Schmetterlingsflügels. Es war kaum spürbar, sacht und doch so mächtig. Mir wurde heiß und kalt, mein Herz raste, und ich wusste: Hier ist Leben. In mir.

Wie soll man das jemandem beschreiben, der das noch nie gefühlt hat? Erklär einem Blinden die Farben. Mütter verstehen, was ich meine, wir sind Schwestern der Erfahrung.

Der Wunsch, in die Zukunft zu reichen, etwas Lebendiges zu hinterlassen, das über uns hinausweist, ist größer als der Verstand. Der Biologe sagt, es ist ein Trieb. Der Theologe sagt, es ist ein göttlicher Auftrag, und selbst der Atheist kann sich dem Willen der Natur nicht entziehen, auch wenn er ihn sinnlos findet.

Die Frage der Fortpflanzung folgt, wenn überhaupt, einer kosmischen und keiner menschlichen Logik. Für Juden und Christen folgt sie der Fortführung der Schöpfungsgeschichte, aber ganz sicher nicht einer Erörterung von Pro und Kontra. «Gott sei Dank!», will man da ausrufen.

Was wäre aus der Menschheit geworden, würde die Frage, ob wir Kinder bekommen, ob wir Leben schenken oder nicht, nur rationalen Gedanken oder dem vielzitierten Zeitgeist folgen? Oder gar den Vorstellungen kinderloser Feministinnen, die in jedem sich wölbenden Bauch die dunklen Wolken drohender Unterdrückung am Horizont heraufziehen sehen?

Von seinen Wurzeln etwas weiterreichen. Den Stammbaum erweitern. Wir kommen irgendwoher. Wir bleiben eine Weile. Und wir hinterlassen danach Spuren. Oder auch nicht. Nirgendwo wird die tief in uns liegende Sehnsucht nach dem Kind deutlicher und schmerzhafter sichtbar als in der Mutterschaft, die sich nicht einstellen will.

Es gibt viele Momente in meinem Mutterdasein, die ich nie vergessen werde. Niemals. Man könnte mich nachts wecken, und ich könnte es auf Knopfdruck erzählen. Wie etwa von dem Tag, an dem ich mich selbst erkannte. Im

Gesicht meines dritten Kindes. Die ersten beiden sahen aus wie ihr Vater.

Ich weiß noch, wie ich beim ersten Blick auf den oben zitierten Wimpernschlag dachte: *Die hat optisch jedenfalls nichts von dir.* Etwas, was sich fortsetzen sollte mit steigender Kinderzahl und erst durch Nummer drei durchbrochen wurde. An seinem zweiten Lebenstag, als sich sein Gesicht von den Strapazen der Geburt langsam entfaltet hatte, sah ich in diese kleinen Augen auf der Wickelkommode und schreckte fast zusammen.

Als wenn man unbewusst an einem Spiegel vorbeiläuft und das Gesicht, das man sieht, einen irritiert, weil es unerwartet bekannt erscheint. Wie das doppelte Lottchen, das zum ersten Mal sein Gegenüber erblickt.

Wieder erwischte es mich heiß und kalt, und erst nach einer Weile habe ich begriffen, wodurch dieses emotionale Chaos in mir ausgelöst wurde: Ich hatte *mich* gesehen. Meine Linie. Meinen Stammbaum. Meine Familie. Die kurze Ahnung von Ewigkeit.

Wie in dem Gedicht des arabischen Dichters Khalil Gibran: «Eure Kinder sind nicht eure Kinder … Sie kommen durch euch, aber nicht von euch … Ihr seid die Bogen, von denen eure Kinder als lebende Pfeile ausgeschickt werden.»

Sie gehören uns nicht, wir dürfen sie eine Weile hüten, lieb haben. Aber ja, sie kommen durch uns und legen unsere Spur weiter.

Muttergefühle. Sie sind unmodern und unvernünftig. Anstrengend und manchmal nervtötend. Sie fesseln einen, man wird sie nicht los. Manchmal auch dann nicht, wenn es Zeit wäre, sich zu lösen. Gerade dann nicht. Wie sollten wir auch als Mütter? Diese Kinder sind ein Teil von uns. Gewachsen in unserem Körper. Wir nabeln sie zwar im Kreißsaal ab, es bleibt aber eine theoretische Betrachtungsweise, denn das Muttersein legt man nicht ab. Es ist keine Phase, nichts, was man delegiert oder dekonstruiert. Es ist ein Teil von uns.

Wir stellen uns schützend vor unsere Kinder, wir verteidigen sie auch dann, wenn alle anderen sie längst aufgegeben haben. Auch die anstrengenden und die nervigen, die lauten und die ungezogenen. Ich weiß nicht, was passieren muss, bis eine Mutter ihr Kind fallen lässt. Oder verleugnet. Mir ist noch keine Mutter begegnet, die das getan hat.

Mein Mutterdasein hat mir Seiten an mir selbst offenbart, die ich im Buch meines Lebens bislang nicht kannte. Es verändert uns als Frauen, ob wir wollen oder nicht. Ich bin empfindlich geworden. Selbst das Weinen fremder Kinder lässt mich plötzlich ganz anders als früher erschauern.

Im Fernsehen ertrage ich kaum Szenen, in denen Kinder leiden, egal ob Fiktion oder in der Tagesschau. Es jagt mir Adrenalin durch den Körper. Es könnte ja auch mein Kind sein. Ich war früher nicht so. Es ist wie eine Konditionierung.

Ein Schalter, der in mir umgelegt wurde. Das Muttertier in mir schläft nie.

Die ersten sechs Jahre meiner Mutterschaft war das nahezu wörtlich zu nehmen. Ich musste meine Neugeborenen immer ins Nebenzimmer zum Schlafen legen, weil ich sonst nachts bei jedem Atemzug bereit zur Verteidigung der Brut und mit vollem Adrenalinanschlag wach geworden wäre.

Wer weiß, dass er auch im Schlaf wachsam sein muss, um seine Kinder zu beschützen, zu trösten oder zu stillen, der hört alles. Das ist nicht rational, es ist. Es ließ sich nicht nach vernünftiger Erwägung abstellen. Sag deinem Kopf, er soll aufhören zu denken. Was für ein lächerlicher Gedanke.

Rational konnte ich nur einen Flur zwischen unsere Betten bringen. Ich konnte es nicht abstellen, weil wir es uns nicht aussuchen. Es wird uns mit diesem Kind in die eigene Wiege gelegt. Du bist Mutter, du kümmerst dich. Du fühlst dich zuständig, auch wenn du müde bist, schlafen willst.

Mein Mutterdasein hat mich aufmerksamer gemacht. Und auch gefährlicher. Animalisch, instinktiv. Wir respektieren Muttertiere in der freien Wildbahn. Wir bringen schon unseren Kindern in der Schule bei, dass man um die Muttertiere bei Löwen oder Bären mal besser einen großen Bogen macht. Weil sie unberechenbar sind, wenn sie ihre Jungen in Gefahr wähnen. Wenn man ihnen zu nahe kommt. Fass mein Kind an, und du bist tot. Der Mensch ist auch ein Tier.

Dies ist ein Buch über Mütter; die Herren mögen sich ihre Vatergefühle selbst von der Seele schreiben. Aber ja – vieles hier werden auch Väter nachvollziehen können.

Vor über zehn Jahren geriet ich einmal in einen Streit mit einem jungen Mann über die Frage irrationaler mütterlicher Emotionen. Er hielt mich für ein hysterisches Weib, weil ich ihn anblaffte, dass er als Kinderloser eben keine Ahnung habe. Ich hielt ihn tatsächlich für ahnungslos. Beide hatten wir damals ein bisschen recht.

Eine Begegnung im örtlichen Park hatte mich so aus der Fassung gebracht, dass ich über mich selbst erschrocken war. Meine Kinder auch über mich. Eine Frau mit ihrem Hund war uns zu nahe gekommen. Schon aus weiter Entfernung instruierte sie laut rufend meine Kinder, sie sollten nicht wagen, diesen Hund, den sie frei laufen ließ und der uns zielsicher ansteuerte, anzufassen. Sie machte aber keine Anstalten, ihren blöden Köter zurückzurufen oder gar festzuhalten.

Ich liebe Hunde, mein Vater ist Tierarzt, aber hier näherte sich ein riesiger Hund meinen Kindern und mir. Zwei der Kinder noch so klein, dass sie dem Hund nahezu auf Augenhöhe gegenüberstanden. Wie schützt man drei Kinder gleichzeitig?

Der Hund kommt sehr nahe, streift um die Beine von Sohn zwei, der mit der Hand versucht, ihn vorsichtig wegzuschieben, er soll ihn ja nicht anfassen, das hatte er mit seinen vier Jahren begriffen. Aber was tun, wenn der Hund ihn anfasst? Als die Kinderhand das Fell berührte, bekam die Hundebesitzerin, die sich nun doch genähert hatte, einen Anfall und schrie meine Kinder an.

Sie hätte das nicht tun sollen. Ich weiß nicht mehr, was ich alles gesagt habe. Ich bin völlig ausgerastet und brüllte sie an, sie solle schauen, dass sie Land gewinne, weil ich mich sonst vergäße. Ein Stadium, das ich längst erreicht hatte. Weil sie meine Kinder in Gefahr gebracht hatte und mein Verstand in den Löwenmutter-Modus umschaltete.

Es war so etwa vier Jahre später, als mir dieser junge Mann unvermittelt wieder schrieb. Er war inzwischen Vater eines Sohnes geworden: «Du hattest damals recht. Ich würde töten für diesen Jungen.»

Ja.

Bekommen Sie auch noch jenseits der vierzig und obwohl Sie schon selbst Kinder haben, gute Ratschläge mit auf den Weg, wenn Sie Mutti zu Hause besucht haben? Marmeladegläschen gegen den Welthunger, den Tipp, sich warm anzuziehen, vorsichtig zu fahren, und den dringenden Hinweis, anzurufen, wenn Sie angekommen sind, damit man weiß, dass Sie sicher zu Hause sind? Es sind ja auch so viele Räuber auf den Straßen unterwegs. All diese nervenaufreibenden Dinge?

Gratuliere: Sie haben eine ganz normale Mutter. Ich werde versuchen, nicht so zu sein, wenn meine Brut ausgezogen ist, und ich werde zumindest in Teilen vermutlich scheitern. Weil man Mutterschaft nicht einmal dann ablegt, wenn die Kinder aus dem Haus sind. Wir werden uns Sorgen machen, weil es unser Job ist. Unser evolutionäres Erbe, das unseren Kindern das Überleben sichert.

Und deswegen ist die Balance zwischen Wurzeln und Flügeln, die wir ihnen geben wollen, so schwer zu gewährleisten. Weil wir über Jahre zum Wohl unserer Kinder ihre Wurzeln kultivieren, während sie über Nacht erwachsen werden und fliegen wollen.

Keiner hat gesagt, dass es einfach wird. Eine ganze Zunft von Psychologen und Therapeuten beschäftigt sich mit der manchmal schwierigen Beziehung von Mutter und Kind. Sie ist nicht ausgesucht, nicht abstreifbar. Weder für die Mutter noch für das Kind. Sie ist.

Nicht selten bestimmt es unser ganzes Leben, ob und wie wir uns als Kind von unserer Mutter gesund lösen können. Und ob und wie wir unsere Kinder ziehen lassen. Bis dahin müssen wir uns wohl weiter als Mütter beschimpfen lassen. Entweder weil wir ihnen zu viele Flügel lassen und unsere Kinder angeblich vernachlässigen. Tun wir hingegen zu viel, sind wir die Glucken oder neuerdings «Helikopter-Eltern», die überwachend über ihren Kindern kreisen; man lausche den Rotorblättern.

Klar ist immer nur: Egal, was wir machen, wir machen es falsch.

Ich bin Mutter, ich werde es immer sein, bis zu meinem letzten Atemzug. Weil ich nicht Kinder bekommen habe für Deutschland und nicht für die Rente und auch nicht, um den demografischen Wandel aufzuhalten. Sondern weil ich gerne Mutter bin. Weil es mir Freude bereitet, diese Kinder ins Leben zu begleiten. Weil sauber-sicher-satt nicht ausreicht, um ein Kind großzuziehen. Mir nicht und den Kindern auch nicht. Weil ich nicht müde werde, jeden Abend die gleiche Lieblingsgeschichte vorzulesen. «Bennibär lernt Zähneputzen».

Benni verfolgt mich bis in meine dunkelsten Träume. Zusammen mit Bäcker Olsen, der sein Brot nicht nur um die Welt, sondern auch bis in meine letzte Gehirnwindung backt. Ich lese es trotzdem auch noch mal. Kein Problem, Schätzchen.

Ich schmelze dahin, wenn meine Kinder erste Humor-Versuche mit Häschen-Witzen machen. Einfach weil es meinem Kind Freude bereitet. Weil es mich begeistert, wenn es Dinge wie Humor oder gar Ironie begriffen hat. Was für eine intellektuelle Meisterleistung, die so mancher Erwachsene in seinem ganzen Leben nicht schafft. Ich vergöttere meine Kinder, und ich halte sie für die schönsten und klügsten auf der ganzen Welt, so wie nahezu alle Eltern es auch tun. Standortvorteil Familie.

Ich bin froh, dass das erste Wort meiner Kinder «Mama» war und nicht «Sabine» aus der Kita. Ich bin froh, dass ich dabei war und man mir nicht davon erzählen musste oder man es in der Kindergartenmappe in den Beobachtungsbogen notierte.

Ich lache mit, wenn sie lachen, und ich tröste, wenn sie weinen. Ich kann gar nicht anders. Ich war nicht nur beim ersten Atemzug, sondern auch beim ersten Schritt dabei. Keine Karriere dieser Welt kann mir den triumphierenden Blick eines Kindes ersetzen, das das erste Mal aufrecht gestanden hat.

Und deswegen bin ich es leid, mir gute Ratschläge von Ahnungslosen anzuhören. Ich habe keine Zeit und keine Lust mehr, mich belehren zu lassen. Das Leben ist zu kurz, um es nach den Vorstellungen der anderen zu leben. Ich habe nur dieses eine.

Kapitel 2
Was ist weiblich?

Wenn meine jüngste Tochter von der Zukunft spricht, dann sagt sie nicht «Wenn ich einmal groß bin ...», sondern: «Wenn ich später mal eine Mama bin ...». Jedes Mal muss ich still in mich hineinlächeln, weil es mich rührt, wie sie mit kindlicher Selbstverständlichkeit Frausein und Muttersein verbindet, ohne es zu hinterfragen.

Gleichzeitig ist dieser Satz hochexplosiv. Frei nach der Gender-Dogmatikerin Judith Butler ist meine Kleine nämlich jetzt schon auf dem Weg in die Weibchen-Falle. Sie hat sich an ihrer Mama ein schlechtes Beispiel genommen. Schließlich gaukele ich meinem Kind doch vor, dass es irgendwie normal sei, als Frau Kinder zu kriegen, dazu auch noch viele, und tatsächlich als Frau zu leben, nur weil man biologisch tatsächlich eine Frau ist.

Sie ist damit auf direktem Weg zu Kinder, Kirche, Küche, anstatt zur neuerdings modernen «Vielfalt von Lebensformen, sexuellen Orientierungen und Identitäten», in denen sie sich so schön entfalten könnte, ginge ich nicht in ihrem Leben als normatives Anschauungsmaterial voran. Damit ist das arme Ding jetzt schon in der heteronormativen Falle ihres rückständigen Elternhauses dazu verdammt, es mir nachzutun. Vermutlich wird sie später sogar heiraten! Es ist ein Jammer.

Gerade komme ich vom Elternsprechtag aus der Schule zurück. Die Klassenlehrerin sagt, meine Tochter halte auf dem Pausenhof Händchen. Nur mit Jungs statt mit der Vielfalt der Geschlechter. Es ist also bereits Alarmstufe rot, und dabei ist sie erst acht. Ich kann von Glück reden, dass uns noch niemand das Jugendamt an den Hals gehetzt hat, obwohl wir unsere Kinder in stereotypem Rollenverhalten großziehen.

Natürlich findet meine Tochter es normal, dass sie später einmal Mama wird, sie hat nahezu ausschließlich Frauen um sich, die alle Mamas sind! Mamas, so weit das Auge reicht: ihre eigene, ihre Omas, die Nachbarinnen. Die Mütter ihrer Freunde, überall ist es schlicht und ergreifend normal, dass Frauen Kinder bekommen.

Was für eine Achtjährige unproblematische Selbstverständlichkeit ist, wird aus feministischer Sicht aber leider zum Problem, weil manche meiner Geschlechtsgenossinnen diese gelebte Normalität als Problem empfinden. Die einen sehen es als ständigen Affront, als unausgesprochene Aufforderung: Werde gefälligst Mama. Die Nächsten sehen nur Abhängigkeit zum Kindsvater. Die Dritten sehen unsere beruflichen Karrieren als Frauen den Bach runtergehen.

Das Leben der Mehrheit ist somit ein ständiger diskriminierender Akt und dazu aus gesellschaftspolitischer Sicht visuell manifestierte Unterdrückung. Und so finden sich in den theorieverlorenen feministischen Diskussionen zwei wiederkehrende Momente, die einen als Mutter beide in den Wahnsinn treiben können: Einerseits wird das Muttersein einer Frau ständig problematisiert, gleichzeitig bekommt man von ebenjenen, die sich selbst der Mutterschaft verweigern, gute Ratschläge, weil sie selbstredend ganz genau wissen, wie man als Mutter dann aber bitteschön sein Leben zu gestalten habe.

Ist es weiblich, eine Mutter zu sein? Gehört es zur vollen Entfaltung einer Frau dazu, dass wir dieses Potenzial, Leben zu schenken, dann auch tatsächlich nutzen, wenn wir es schon mal haben? Nichts wird in unserem Zeitalter mehr in Frage gestellt als genau diese selbstverständliche Verbindung von Weiblichkeit und Muttersein, die seit Bestehen der Menschheit das Überleben derselben sichert.

Mit den Verhütungsmitteln kamen die Bedenken. Die Diskussionen und auch die Zweifel. Alle Medaillen haben immer zwei Seiten. Wir müssen heute nicht mehr Mütter werden, dafür ist uns die Selbstverständlichkeit abhandengekommen. Wurde Mutterschaft früher als Schicksal angenommen, will sie heute gut überlegt sein. Der richtige Zeitpunkt, der richtige Partner, die richtige Kinderzahl. Ganz zu schweigen von der Sinnfrage: Sollen wir überhaupt?

Nichts ist mehr selbstverständlich in einer Gesellschaft,

die das Muttersein zum Problem erklärt und sich darauf spezialisiert hat, beim Kinderkriegen die Risiken und Nebenwirkungen statt der Freude in den Vordergrund zu stellen. Und so reden wir zwar einerseits ständig davon, dass wir mehr Kinder bräuchten, dass die Geburtenrate höher sein müsste, gleichzeitig will niemand diesen Satz aussprechen: «Bekommt mehr Kinder, liebe Frauen.»

Fast scheint es, als würde man die Kinder gedanklich von den Müttern abkoppeln, so wie wir es bereits in anderen Bereichen wie der Kinderarmut tun. Diese ist auch nur Eltern- oder Mütterarmut, wird aber gesondert betrachtet, so als könne man Kinder abseits ihrer Mütter und Väter denken.

Es gleicht der Quadratur des Kreises: Wir wollen mehr Kinder, ohne dabei den Anschein zu erwecken, wir wollten Frauen zur Mutterschaft ermutigen. Wehe dem, der solche Diskussionen auch noch medial eröffnet! Denn in Deutschland wird diese Debatte immer noch einen Zacken schärfer geführt, weil man historisch immer bereits mit einem Bein im braunen Sumpf steht. Ständig läuft man Gefahr, «Mutterkreuze»[1] zu verteilen, sobald man auch nur vorsichtig anmerkt, dass Frausein und Muttersein etwas Erstrebenswertes sein kann; nichts Problematisches, sondern sogar etwas Erfüllendes.

Am besten, Sie sichern sich vor Beginn der Diskussion schon mal den Weg zum Notausgang. Und dieses Buch bitte nur ganz hinten ins Regal.

Über das Kinderkriegen oder -unterlassen lässt sich nicht emotionslos oder gar sachlich abstrakt diskutieren, weil es uns als Frauen sehr persönlich trifft. Das macht es so schwer, objektiv zu bleiben. Immer geht es um uns selbst, unser Leben, unsere Träume und Sehnsüchte. Wie soll man da neutral sein? Egal, ob bei Podiumsdiskussionen oder unter vier Augen. Egal, ob nur unter Frauen oder mit Männern. Wenn wir darüber reden, ob und wie wir Muttersein leben oder auch nicht, spulen sich ganze Programme im Hinterkopf ab, die unser Leben hinterfragen, unsere eigenen Mutter-Kind-Beziehungen in Erinnerung rufen, und das macht es kompliziert.

Ich kann die Frauen, die ich in innere Aufruhr versetze, im Publikum vor mir ausmachen, allein wenn ich über meine eigene Mutterschaft rede. Wenn ich bei Vorträgen von gelebter Mutterschaft erzähle. Wie viel Zeit Kinder brauchen. Wie viel Zeit es braucht, sie großzuziehen. Was Familie ausmacht. Was mich als Mutter glücklich macht. Ich kann sie sehen. Ihre versteinerten Mienen, die hochsteigende Aggression. Ihre Gesichter sprechen Bände. *Macht die mir etwa gerade einen Vorwurf, nur weil ich keine Kinder habe? Bin ich eine schlechte Frau? Bin ich eine schlechte Mutter? Denkt sie, ich mache etwas falsch?*

In Bruchteilen von Sekunden spult sich manchmal unser ganzes Leben im Hinterkopf ab, mit all den unerfüllten Träumen, enttäuschten Erwartungen und Hoffnungen. Nur eines gibt es nicht: dass eine Diskussion über Mutterschaft eine Frau kalt lässt.

Entweder weil wir selbst Mutter sind und man uns das ankreidet. Oder weil wir nicht Mutter sind und wir uns deswegen auf die Füße getreten fühlen. Oder weil wir ja gerne Mutter wären, das Kind aber partout nicht kommen will. Weil wir vielleicht einmal abgetrieben haben und diese Geschichte uns still begleitet. Oder auch weil wir aus ganz unterschiedlichen Gründen einfach keine Kinder wollen, uns aber unter Druck fühlen, zu liefern.

Aber es lässt Frau nicht kalt. Muttersein. Mütterlichkeit. Muttermythos. Muttergefühle. Wir können als Frauen über das Kinderkriegen und auch über die Frage, wie wir unsere Kinder großziehen, ob wir sie selbst betreuen, wie wir Beruf und Kinder vereinbaren wollen, nicht sprechen, als ginge es um neue EU-Richtlinien, zu denen man nun Pro-und-Kontra-Argumente sammelt. Denn die Frage der Mutterschaft berührt unser Wesen als Frau. Schon wieder so ein Trigger, bei dem Gender-Aktivistinnen ohnmächtig werden.

Wenn eines sicher ist, dann dass die aktuellen Gender-Debatten keine Antworten auf Mutterschaft oder zur Weiblichkeit bieten, sondern nur Fragen. Keine weibliche Identität, sondern nur Dekonstruktion derselben. Alles dreht sich im Grunde nur um diesen einen Kern: Gibt es so etwas wie angeborene Weiblichkeit? Gibt es ein Wesen der Frau? Etwas unveränderlich Weibliches, etwas, das in uns steckt, ob wir nun wollen oder nicht? Erst einmal völlig unabhängig davon, ob wir es für uns selbst annehmen oder ein Leben lang dagegen anrennen, sollte das überhaupt möglich sein.

Und wenn es das weibliche Prinzip in uns gibt, gehört die Mütterlichkeit dann dazu? Dieses Potenzial, Leben zu schenken, ganz unabhängig davon, ob wir es nutzen oder nicht.

Das Wesen einer Frau. Weiblichkeit. Mütterlichkeit. Das große Mysterium der Entstehung von neuem Leben offenbart sich im Körper einer Frau. Aber noch bevor man über die Mutterschaft nachdenken kann, muss die Weiblichkeit geklärt werden. Denn allein dieser scheinbar banale Zusammenhang steht heute bereits auf der Kippe.

Zauberhafte Dinge hat die Weltliteratur über die Frau als unbekanntes Wesen zu Papier gebracht, und immer noch bietet die Materie Stoff für viele weitere Regalmeter Bücher. Fast scheint es dabei so, als hätten die großen Philosophen, also ausgerechnet Männer, das Wesen der Frau, das heute negiert wird, schon immer gesehen. Verwunderlich wäre es ja nicht, ist die Weiblichkeit doch der Lockstoff der Evolution.

Nicht dass die Männer es immer gewürdigt hätten oder gar gutgeheißen hätten, was sie an Weiblichkeit vorfanden. Die Geschichte ist voll vom Kampf gegen die Weiblichkeit, vom Unverständnis, vom Mysterium. Von der Angst der Männer vor der Macht einer Weiblichkeit, die sie weder verstehen noch greifen, demnach nicht beherrschen können und genau deswegen auch fürchten.

Von der Verehrung von Fruchtbarkeitsgöttinnen bis hin zu Hexenverbrennungen haben wir das ganze Repertoire menschlichen Handelns im Umgang mit Frauen versammelt. «Die Frau verrät ihr Geheimnis nicht», sagt Kant. Möglicherweise kennt sie ihr Geheimnis heute auch nicht mehr, würde ich noch hinzufügen. Denn all das, was über die Jahrhunderte mit Weiblichkeit in Verbindung gebracht wurde, steht heute im Verruf, irrational zu sein. Entsprechend versucht man, es uns auszutreiben.

Seit die Dualität von Männlichkeit und Weiblichkeit in den Verdacht geraten ist, nicht nur Ungleichheit zu manifestieren, sondern daraus auch gleich eine gewaschene Diskriminierung abgeleitet wird, darf Weiblichkeit allein schon deswegen nicht mehr sein, weil sie im Vergleich zum Mann als Schwäche gilt.

Es ist kein Zufall, dass sich die feministische Theorie bis heute eng mit dem leninistischen Kampf um die Gleichheit der Geschlechter gedanklich verbunden hat. Wer jeglichen menschlichen Unterschied – auch den geschlechtlichen – als politischen Klassenunterschied definiert, muss den Menschen selbstredend auch von diesem Übel befreien. Die Dekonstruktion der Geschlechter, wie ihn der Gender-Diskurs versucht, ist somit nichts anderes als das Zuendebringen der marxistisch-leninistischen Idee.

Und so wird die Weiblichkeit, das Wesen der Frau, munter dekonstruiert, Schicht für Schicht abgetragen, bis nur noch ein Kern austauschbarer Menschenmasse übrig ist, die wir dann zum neuen freien – und ganz gendersensibel – geschlechtsneutralen Menschen selbst zusammensetzen sollen. Wir schaffen uns neu. Jeder ein Phoenix aus der Asche.

Das ist die Theorie. In der Praxis belästigen wir inzwischen selbst Kinder in den Schulen mit Bildungsplänen, die das Mantra vor sich hertragen, wir könnten uns als Menschen unser Geschlecht selbst aussuchen wie eine Haarfarbe, eine Religionsgemeinschaft oder eine politische Gesinnung. Ohne Vorbild, ohne Erbe, ohne Veranlagung und natürlich ohne Ethik und Moral.

Nicht nur Frauen, auch Männer werden derzeit von einer ganzen Zunft von Gender-Ideologinnen soziologisch in tausend Puzzlesteine zerlegt, die wir dann selbst neu zusammensetzen dürfen. Das Problem ist nur: Dieser Prozess macht uns gar nicht frei, sondern wurzellos, seelenlos, manipulierbar, und nicht selten gehen auf diesem Weg Puzzlesteine für immer verloren. Wer nicht mehr weiß, woher er kommt, weiß nicht mehr, wohin er soll. Oder warum.

Bis heute mühen wir uns deswegen mit einer Frauen-Bewegung ab, die zwar einerseits alle Frauen befreien will, gleichzeitig aber nicht mehr definieren möchte, was eine Frau denn überhaupt ist. Allerhöchstens reden wir entsprechend über Weiblichkeit nur noch als eine klischeehafte Eigenschaft. Als eine austauschbare Rolle. Als zu überwindendes Stereotyp.

Machen wir es kurz: Weiblichkeit ist aus dieser Perspektive das eigentliche Problem. Mutterschaft nur noch die fatale Konsequenz. Die Axt muss also an die Frau per se gesetzt werden. Die Mutterschaft erledigt sich dann automatisch von selbst.

Sind wir nicht genaugenommen schon auf bestem Weg? Wir drängen Frauen in Männerleben, verteufeln das Kinderkriegen, degradieren weibliche Intuition auf das Niveau von Bachblütenromantik, verkürzen Fortpflanzungs-Fenster, indem wir Frau in den Beruf einspannen. Im Ergebnis zeigen alle Gesellschaften, die diesem Weg folgen, ein Stagnieren der Geburtenrate. Läuft doch bestens für die Ideologen.

Verbal wird uns das hübsch erklärt: Wir machen das für dich, Süße. Du sollst dich entfalten. Wir wollen dir deine Weiblichkeit nicht ungefragt aufdrängen. Du kannst doch viel mehr sein. Alles lässt sich neuerdings so oder so sehen. Oder auch anders. Selbst Männern wollen wir neuerdings ihre Weiblichkeit nicht absprechen – und heute darf zudem jeder Frau sein, der sich ganz doll so fühlt.

Wir halten respektvoll Abstand, treten niemandem auf die Füße, ignorieren Tatsachen und am besten und vor allem unsere biologische Disposition. Als «Biologist» wird jeder verschrien, der auf die Natur verweist, die eine klare Sprache spricht. Denn die moderne Frau hat sich gefälligst von ihrer Natur zu emanzipieren.

«Was ist für Sie typisch weiblich?» – eine Talksendung

zum Weltfrauentag im österreichischen Fernsehen. Die frauenpolitische Sprecherin der Grünen im Parlament war von der Frage des Moderators völlig aus der Fassung. Ihr fiel nichts ein. Minutenlang stammelte sie zum Vergnügen der anwesenden Herren unfassbar peinlich herum und wollte dann gar die Behauptung in den Raum stellen, Feminismus habe ja nichts mit Weiblichkeit zu tun, also was hier die Frage zur Weiblichkeit überhaupt solle. Der Moderator blieb hartnäckig und sie weiter ratlos. Es endete im Nichts. Keine einzige Definition, keine Eigenschaft, was denn nun weiblich sei.

Irrerweise kämpfen nicht nur sie und ihre Partei, sondern viele mit ihr für eine Frauenquote in der Wirtschaft. Mir stellte sich spontan die Frage, wodurch man sich für eine Frauenquote als Frau qualifiziert, wenn Weiblichkeit nicht mehr definiert werden kann?

Im Umkehrschluss ist auch Mutterschaft nicht mehr selbstverständlich weiblich. Verabschieden Sie sich von solch naiven Gedanken, dass zumindest *das* irgendwie klar sein sollte. Bekanntlich steht ja, zumindest rhetorisch und auf dem Papier des Grundgesetzes, die Mutter in Deutschland unter dem besonderen Schutz des Staates. Die Frage ist nur: Wer ist die Mutter? Und ist das zwingend eine Frau?

Allein die Frage ist spontan absurd, möchte man meinen. Wer sonst außer einer Frau sollte eine Mutter sein? Dämliche Frage. Doch zuletzt fiel mir der Entwurf der Familienministerin zu einem neuen Mutterschutzgesetz in Deutschland in die Hände, und ich musste herzlich lachen:

«Mutter im Sinne dieses Gesetzes ist jede Person, die schwanger ist oder ein Kind geboren hat oder stillt, unabhängig von dem in ihrem Geburtseintrag angegebenen Geschlecht.» – Eine Person, unabhängig von ihrem im Geburtseintrag angegebenen Geschlecht. Ja, ich musste auch eine Weile überlegen, was man uns damit sagen will.

Nur Frauen bekommen Kinder. Punkt. Nur Frauen können Kinder gebären. Punkt. Und nur Frauen haben Brüste, mit denen man Kinder stillen kann. Noch mal Punkt. Was will dieses Juristenkauderwelsch eigentlich verschleiern? Wir sind als Frauen geboren, und deswegen können wir Kinder kriegen. Weiblichkeit hat Mütterpotenzial. Ist das denn so schwer?

Der Frage der Weiblichkeit bin ich auch einmal dort nachgegangen, wo man qua Definition Expertinnenwissen vermuten sollte: in einem Lesbenmagazin. Ich habe es ganz gelesen auf der Suche nach einer Definition, das Titelthema war doch «Einfach weiblich sein». Man sollte ja meinen, dass Frauen, die nur Frauen lieben, es besonders einfach haben sollten, Weiblichkeit zu definieren, schließlich lieben sie ja Frauen, eben weil diese Frauen und nichts anderes als Frauen sind.

Um es kurz zu machen: Es war alles andere als «einfach

weiblich», sondern erwartungsgemäß kompliziert. Kein Wunder, könnte man auch sagen, wer einem Magazin die Weltanschauung voranstellt, dass Weiblichkeit nicht eine angeborene Eigenschaft, sondern eine kulturelle und gesellschaftliche «Zuschreibung» sei, ist in seinen Definitionen, na, sagen wir mal: flexibel. Und so wird auch unter diesen Frauen viel geschrieben, über Äußerlichkeiten, Frisuren, Kleidungsstil, Geschlechterrollen, Sexualität und über die Eroberung vermeintlich männlicher Domänen. Sie konnten sich aber auf keinen gemeinsamen Nenner der Weiblichkeit einigen.

Und natürlich kam dort auch der Transmann, der seine problematische Weiblichkeit abgelegt hat und endlich als Mann lebt, zu Wort, ebenso wie die Transfrau, die ihre Weiblichkeit selbst definiert, weil sie sich eben weiblich fühlt.

Merke: Sich weiblich zu fühlen ist offenbar okay, wenn man im Körper eines Mannes steckt, aber nicht okay, wenn man «gefangen» ist im Körper einer heterosexuellen katholischen Hausfrau. Das kehrt als Prinzip in Variationen ständig wieder. Es gab im Fazit nicht eine Antwort auf Weiblichkeit, sondern viele. So als könne man das nicht beantworten.

Gerne werden übrigens als Argument gegen angeborene Weiblichkeit intersexuelle Menschen als Beispiel herangezogen, also der sehr geringe, aber existente Prozentsatz von Menschen, die biologisch sowohl mit weiblichen als auch mit männlichen Geschlechtsmerkmalen geboren werden. Für die Betroffenen ganz sicher keine einfache Situation in einer Welt, die sich fast zu hundert Prozent bipolar und ziemlich eindeutig in Mann und Frau teilt.

Das Unvermögen der Intersexuellen, sich klar auf eine der beiden Seiten zu schlagen, ist im Unterschied zu all den fluid-queer-pseudo-hastdunichtgesehen-Gendergeschlechtern allerdings nicht irren Selbstdefinitionen zu verdanken, sondern einer körperlichen Veranlagung. Angeboren. Als biologische Anomalie. So was existiert. Früher hätte man gesagt, die Ausnahme bestätigt die Regel.

Heute soll die Ausnahme zur Regel erklärt werden. Oder besser gesagt: Als Regel ausgenutzt werden. Denn es ist nahezu skandalös, dass sich diese Menschen mit ihren Nöten und ihren berechtigten Anliegen, auch bezüglich juristischer Lösungen, einreihen sollen zwischen all denjenigen, die täglich neue, selbstdachte Geschlechterdefinitionen aus dem Hut zaubern, nur weil sie wieder mal schlecht geschlafen haben. Die Lobby-Industrie der sexuellen Vielfalt nutzt hier einfach eine Minderheit als Paradebeispiel aus.

Was ist das Prinzip eines Rades? – Es ist rund. Das Wesen des Rades ist seine Form. Es ist dabei nicht relevant, wie das Rad aussieht oder aus welchem Material es hergestellt wurde. Es ist nicht relevant, welchen Platz es einnimmt, ob es an einem Fahrrad, an einem Auto, einem Lkw oder in einem Uhrwerk als Zahnrad montiert ist. Sein Prinzip, sein Wesen besteht darin, rund zu sein, und in seiner Fähigkeit, Dinge oder Eigenschaften wegzubewegen, zu transportieren.

Das Prinzip der Weiblichkeit, das Alleinstellungsmerkmal, die Erkennbarkeit der Weiblichkeit besteht im Potenzial, Kinder zu empfangen und zu gebären. Das unterscheidet sie elementar von anderen Menschen, sprich den Männern. Es kommt nicht auf die Frisur an und welchen Beruf eine Frau dabei ausübt. Nicht ob sie beruflich erfolgreich ist und welche Kleidung sie trägt. Auch die Form ihrer Sexualität spielt hierfür keine Rolle.

Ihre Weiblichkeit liegt im Kern, in der Natur, in der Biologie. Sie wird nicht einmal durchbrochen oder verneint, wenn Frau nicht empfängt und nicht daran denkt, zu gebären. Das vierjährige Mädchen tut das auch nicht, und dennoch ist es schon genauso weiblich wie alle anderen weiblichen Wesen und mit derselben Veranlagung ausgestattet. Wer dieses unfassbare Potenzial, Leben zu schenken, allerdings auf das gleiche Niveau wie Haarfarbe, Kleidungsstil oder Berufswahl herabwürdigt, wird Müttern niemals gerecht werden.

Die Mutterschaft fand ich dann nur einmal in diesem weiblichen Magazin: als Verneinung im Kampf um Abtreibung. Endlich nicht mehr Mutter sein müssen. Gratuliere. Dafür gab es gratis ein paar neue Geschlechterdefinitionen, die ich bislang noch nicht kannte: «Femme Dyke», «Lesbianpansexual», «Queer identified Boi-He/She», oder auch

«Gender Fluid Butch-Femme Transwoman». Zumindest der Beweis, dass Frauen kompliziert sind, sollte damit final erbracht sein. Nicht, dass Männer das nicht schon immer wussten.

«Die Wahrheit über die Frau kann man nur sagen, wenn man schon mit einem Fuß im Grabe steht», schrieb Leo Tolstoi. Der Glückliche lebte in einer Zeit, als es noch keine öffentlichen Diskussionen um Frauenquoten gab, sonst hätte er gewusst, dass man am besten nur posthume Memoiren dazu veröffentlicht, wenn man nicht öffentlich gesteinigt oder auf feministische Abschusslisten geraten will.

Denn einerseits verneint ein ganzes Frauenregiment kollektive oder gar angeborene Weiblichkeit, will dann aber im Kampf um Frauenrechte wiederum ein Frauenkollektiv versammeln, aus dem dann aber bitteschön niemand ausbrechen soll. Merke: So was wie typische Weiblichkeit existiert zwar nicht, wenn wir aber schon mal Frau sind, müssen wir bitte unbedingt so tun, als gäbe es in der Gruppe der Frauen keinen Unterschied. Und am allerwenigsten darf es einen Unterschied geben zwischen Müttern und Nicht-Müttern.

Kapitel 3
Kinderlose Mütter

«Wo kann ich denn Mutter sein?» – der Satz kam spontan und verzweifelt, und er war traurig. Ausgesprochen von einer kinderlosen alleinstehenden Freundin. Gläubig, kirchlich eingebunden. Sie wäre gerne verheiratet und Mutter. Gerne würde sie voll und ganz jedem Klischee einer Hausfrau entsprechen. Tut sie aber nicht. Nicht weil sie es so will, sondern weil das Leben eben so ist. Es sich bislang nicht ergeben hatte, sie mit ihrer Ehe- und Kinderlosigkeit gerade in diesem Milieu aber wie ein bunter Hund auffiel.

Verheiratete Menschen mit Kindern können in dieser Hinsicht auch manchmal grausam sein. Ich würde nicht Absicht unterstellen, aber manchmal ist es durchaus unsensibel aus der Sicht all der Kinderlosen im Raum. Vor allem für diejenigen, die mit diesen Zustand eventuell sogar hadern, weil sie trotz entsprechender Wünsche kinderlos geblieben sind.

Keine Vorstellungsrunde gerade in christlich-konservativen Kreisen kommt ohne die ungefragt erteilte, freiwillige Selbstauskunft über die Zahl der eigenen Kinder und Enkelkinder aus. Es ist ein fruchtbares Milieu. Kinderreichtum gilt noch als Segen. Zuletzt saß ich in einer Runde, in der wir es mit sieben Personen zusammen auf 39 Kinder brachten. Ich war dort mit «nur» vier Kindern eine blutige Anfängerin.

Ja, ich verstehe es sehr gut als Mutter. Auch ich platze vor Stolz über meine Kinder, ich vergöttere sie, und ich erzähle gerne von ihnen. Und sollte ich, hoffentlich aber noch nicht so bald, irgendwann zur Oma gemacht werden, werde ich vermutlich so enden wie meine eigenen Großeltern. Sie leben seit Kurzem nicht mehr, aber ich habe das Bild vor Augen, von dem mir meine betagte Großmutter zuletzt immer wieder erzählte.

In ihrem Wohnzimmer stand eine größere Kommode. Darauf waren unzählige Familienfotos aufgestellt. Alle vier Kinder, die zehn Enkel, die acht Urenkel inklusive aller angeheirateten neuen Familienmitglieder. Wir sind eine echte Sippe. Oma erzählte mir jedes Mal, wenn wir telefonierten, wie oft sie mit meinem Großvater vor dieser Kommode sitzen würde, um alle ihre Nachkommen zu betrachten. Jeden einzeln. Und wie sie über uns sprachen, sich an uns allen freuten.

Mein Opa kam nie ohne Tränen in den Augen aus bei den letzten Familientreffen, die er erleben durfte. Er hörte nicht mehr gut. Saß aber strahlend mitten im Geschrei der Sippe, zog ab und zu einen vorbeilaufenden Rabauken auf seinen Schoß und freute sich einfach.

«Manche unserer Freunde beneiden uns um diese Familie», hat Oma auch immer wieder gesagt. Manche hätten gar keine Kinder, keine Enkel und schon gar keine Urenkel. Sie wusste, bei welchen Freunden sie besser nicht so viel von den Enkeln erzählte. Sie war eine kluge Frau.

Keine Frage, die eigene Fruchtbarkeit wird unter Eltern gerne präsentiert, und alle anwesenden Kinderlosen können sich dann noch mal so richtig schlecht fühlen ob ihrer «Unzulänglichkeit», noch nicht gezeugt oder geboren zu haben.

Ungefähr so geht es meiner Freundin jedes Mal. Sie lächelt immer höflich und freut sich am Mutterglück anderer, aber wir versetzen ihr andauernd Stiche ins Herz. «Wo kann ich Mutter sein?» – sie suchte ihre Rolle als Frau in einem christlichen Umfeld, das Mutterschaft als Erfüllung der Weiblichkeit definiert und dabei oft vergisst, in den eigenen Reihen im Laufe der Geschichte große kinderlose Frauen gehabt zu haben. Auch große kinderlose Mütter.

Es war ein homosexueller katholischer Freund, der mich erstmals auf die manchmal doch etwas übertriebene Zurschaustellung der eigenen Fruchtbarkeit unter Christen aufmerksam machte. Naturgemäß hatte er keine Kinder und teilte offenbar das Leid meiner kinderlosen Freundinnen. Auch er hatte bislang nicht geliefert.

In ein Fettnäpfchen trat ich dann selbst im privaten Umfeld, mit meiner Frage an ein langjähriges Pärchen im Freundeskreis, wie es denn mit Nachwuchs so aussehe und wann es denn endlich so weit sei? Es war nicht böse gemeint, sie hatten schon lange erwähnt, Kinder haben zu wollen. Ich wusste damals, als ich die Frage stellte, nicht, dass sie bereits in Summe die Anzahlung für ein ordentliches Einfamilienhaus nicht in vier Wände, sondern in einer Reproduktionsklinik investiert hatten, weil sich das gewünschte Kind leider nicht einstellte. Mit meiner unsensiblen Frage hatte ich der potenziellen Mutter noch zusätzlich einen Dolch ins Herz gerammt, denn sie trug so schon schwer am unerfüllten Kinderwunsch.

Und zuletzt dann meine ehemalige Schulfreundin, die nicht zum Klassentreffen kommen wollte aus einem einzigen Grund: «Ich tue mir das doch nicht an, dass die dann alle die Fotos ihrer Kinder und Männer herumreichen und mich dann alle fragen, wo mein Mann und mein Kind sind.»

Gleiches empörte eine Dame im Publikum einmal bei einer Diskussion über Frau und Beruf. Sie sei bei einem Vorstellungsgespräch für eine neue Stelle an der Universität gefragt worden, ob der Umzug in die neue Stadt denn eventuell ein Problem sei für ihre Familie oder ihren Mann. Man könnte dem Arbeitgeber auch unterstellen, dass er sich Sorgen macht um das Wohlergehen der Familie. Und dass er nicht nur den Arbeitnehmer, sondern auch den Menschen dahinter im Blick hat. «Muss ich denn einen Mann haben, nur weil ich eine Frau bin?», empörte sie sich damals.

So wird das gutgemeinte Angebot, in diesem Fall sogar für den Gatten eventuell auch eine Stelle zu finden und für das Kind einen Betreuungsplatz zu bieten, zum Affront. Sie kriegte das in den ganz falschen Hals, denn sie hatte beides nicht, weder Mann noch Kind. Und allein die Frage des potenziellen Arbeitgebers hatte sie in Rage versetzt und ganz offensichtlich auch einen Nerv getroffen.

Was alle Geschichten gemeinsam haben, ist die ausgesprochene Selbstverständlichkeit, mit der die Mehrheit davon ausgeht, dass Kinderkriegen dazugehört zum Leben. Dass selbst Heiraten oder zumindest als Frau einen Partner zu haben, ab einem gewissen Alter sozusagen selbstverständlich erwartet wird. Und dass es für diejenigen, die nicht in dieses Raster passen, oft nicht leicht ist, wie wir sie mit unserer Normalität überrennen.

«Wie kann ich Mutter sein?» – Ich erzählte meiner Freundin damals von Schwester Engeltraud. Der Seele eines katholischen Krankenhauses, in dem ich meine erste Tochter entbunden habe. Wir hatten einen schlechten Start, sie und ich, um es mal vorsichtig auszudrücken.

Ich hatte mich gedankenlos bei einem Geburtsvorbereitungskurs angemeldet in der Klinik meiner Wahl und prallte am ersten Abend in einen Raum, in dem eine mindestens hundert Jahre alte Nonne im blauen Adidas-Gymnastikanzug auf einem großen grünen Ball saß. Es ist allein meiner guten Erziehung zu verdanken, dass ich nicht einfach wieder rückwärts raus bin damals. Es wäre unhöflich gewesen, also blieb ich erst mal, auch wenn mein erster und einziger Gedanke war: Was will mir denn bitte eine Nonne übers Kinderkriegen erzählen?

Ich habe später noch bei allen weiteren Kindern immer wieder so einen Kurs gemacht bei anderen Trägern; Schwester Engeltraud aber blieb bis zum Schluss eine einzigartige Erfahrung. Niemals zuvor und danach habe ich mehr und besser verstanden, was ich als Mutter tue. Was es mit mir macht, welchen Sinn es sogar haben kann, den Schmerz einer Geburt zu durchleben.

Schwester Engeltraud hat mehr Frauen zu Müttern gemacht als sonst jemand, den ich kenne. Sie hat uns darauf vorbereitet, Mütter zu werden, und nach der Geburt in unser Muttersein hineingeholfen. Sie war die Mutter dieses Hauses. Aber nein, Kinder geboren hatte sie in ihrem langen Leben nie.

Kann man ohne Kinder Mutter sein? Mütterlich sein? War Mutter Teresa etwa keine Mutter? Sie trug es sogar im Namen. Dass Frauen etwas Mütterliches innewohnt, unabhängig davon, ob sie selbst Kinder geboren haben, war offensichtlich seit jeher eine Selbstverständlichkeit, die erst heute durch problembehaftete Diskussionen in Frage gestellt wird.

Davon, dass es früher einmal anders gewesen sein muss, zeugt zumindest noch unser Sprachgebrauch. Von der «Puffmutter» auf der Reeperbahn bis zur «Mutter Oberin» im Kloster hat die Welt das mütterliche Prinzip schon immer gekannt und gerne angenommen.

Mutter sein bedeutet, etwas ins Leben bringen. Wir «gehen schwanger» mit Gedanken oder mit einer Entscheidung, und wenn sie dann gefallen ist, sagen wir: «Es war eine schwere Geburt.» Wenn wir etwas ganz Großes geschaffen haben, sagt man: «Es war ein großer Wurf» – das wörtliche Pendant aus der Tierwelt.

Schwangerschaft, Geburt, Weiblichkeit – es war schon immer verbunden mit dem Ursprung. Mit der Mutter Erde. Der Mutter Natur. Mütter bringen neues Leben hervor. Im Umkehrschluss ist alles, was neues Leben schafft, dem mütterlichen Prinzip unterstellt. Die «Mutter aller Dinge» gilt, egal in welchem Zusammenhang, als der Ursprung einer Sache. Ob Trump «die Mutter aller Bomben» («Mother of all bombs») in Afghanistan runterschmeißt oder wir alle unsere Muttersprache als unsere ursprüngliche Sprache sprechen.

Was danach kommt, sind Variationen. Duplikate. Weiterentwicklungen. Ich kann hundert Sprachen lernen, ich habe nur eine Muttersprache. Will man zum Ursprung, dann kommt man am Ursprung auch nicht vorbei. Und da steht bei jedem von uns eine Mutter. Mütterlichkeit ist eine weibliche Eigenschaft, eine Fähigkeit, die uns in die Wiege gelegt wurde und die wir entfalten können oder auch nicht.

Mütter «halten den Laden zusammen». Egal ob in der Familie, im Kloster, in der Nachbarschaft oder im Bordell. Big Mama lebt: Die Hälfte der Menschheit sind Frauen. Die andere Hälfte deren Kinder.

Eine andere kinderlose Freundin hatte es einst so formuliert: «Die Welt braucht auch Tanten.» Sie ist dort Mutter, wo die leiblichen Mütter nicht können, nicht wollen oder eine Pause brauchen. Es ist in jeder Frau angelegt, mütterlich sein zu können. Sie wollte sich nicht anmaßen, die Mutter zu ersetzen, sie lebte ihren unerfüllten Wunsch nach Kindern einfach im Bemuttern fremder Kinder aus.

Mütterlichkeit als weibliches Prinzip. Als Prinzip des Lebens und des Ursprungs. Nicht als Rolle gelebt, sondern als Veranlagung.

In Gender-Zeiten wird ja gerne so getan, als sei die Frage der Mütterlichkeit einfach nur eine erlernte Rolle. «Stereotypes Rollenverhalten» ist der Fachbegriff hierfür. Väter können demnach auch mütterlich sein oder die Mutterrolle übernehmen, wie man so schön sagt. Der Wunsch ist dabei Vater des Gedankens.

Die Mutter aller Dinge braucht übrigens manchmal den Vater des Gedankens. Ein Wunder, dass diese beiden Begriffe nicht längst verboten sind in einer Welt, die krampfhaft versucht, so zu tun, als seien wir geschlechtslose Wesen und als seien alle Menschen in ihren Fähigkeiten und Interessen gleich veranlagt und nur durch stereotype Erziehung in diesem Urzustand ruiniert.

Ein Vater, der sich um seine Kinder kümmert, ersetzt nicht die Mutter, er ist ihnen ein Vater. Er wird sich im Übrigen, falls man ihn noch nicht zu einem männlichen Waschlappen umerzogen hat, in der Regel nicht einmal annähernd so um die Kinder kümmern, wie eine Mutter das tun würde. Etwas, das alle Mütter wissen, die ihre Kinder mal ein paar Tage mit dem Vater alleine gelassen haben und anschließend in die Reste ihres Haushaltes zurückkehren.

Väter sind anders. Sie erziehen anders, sie setzen andere Prioritäten, sie behandeln die Kinder anders als Mütter und erwarten anderes von ihren Kindern als wir Mütter. Und das ist gut so, denn sie sollen ja nicht als billige Mütterkopien durchs Haus laufen, sondern wie Väter agieren. Väterlichkeit haben wir bloß schon länger auf dem Index, sie ist noch unpopulärer als die Mütterlichkeit, gilt sie ja nicht als gluckenhaft-dämlich, sondern als autoritär-aggressiv, also gefährlich.

Bemuttern ist auch so ein Begriff, den wir unbewusst benutzen, während doch jeder instinktiv weiß, was gemeint ist. Er landet sicher auch noch auf einem feministischen Index, denn besser kann man nicht in einem Wort ausdrücken, was die Mütterlichkeit will: sich um andere kümmern.

Modern-Deutsch nennt man das heute übrigens «Care-Arbeit». Ein steriler Begriff, der sicher nicht zufällig entstanden ist und der drei Dinge schafft: das Abkoppeln vom deutschen Wort «kümmern», das wäre nämlich die gute Übersetzung aus dem Englischen. Wie praktisch, dass es weg ist, dann erinnern wir uns nicht mehr daran. Zudem schafft es das Abkoppeln der Tätigkeit des Kümmerns von einem bestimmten Menschen. Jeder kann doch Care-Arbeit leisten. Und zuletzt das Abkoppeln des Kümmerns von der Liebe, der Unentgeltlichkeit, der Menschlichkeit. Es ist jetzt ein Job wie jeder andere auch. Eine Leistung. Zudem nicht selten noch eine kassenärztliche.

Unter Care-Arbeit subsumieren sich jegliche Tätigkeiten, die mit dem Sorgen und Kümmern um andere Menschen zu tun haben. Die Erzieherin in der Kita leistet Care-Arbeit, die Pflegerin, die Krankenschwester, jeder, der sich um die seelischen und körperlichen Bedürfnisse von anderen Menschen kümmert, weil diese das brauchen und in der Regel auf jemanden angewiesen sind, der bereit ist, sich zu kümmern.

Mutter Teresa war also Care-Workerin. Care-Arbeit kann jeder. Selbst der Pflegeroboter, der in Japan bereits in Ermangelung von genug Pflegepersonal im Einsatz ist. Das Kümmern um andere Menschen wird damit zu einem mechanischen Vorgang degradiert, der gar von Maschinen erbracht werden kann.

Echtes Kümmern im mütterlichen Sinne ist ein Kümmern, nicht weil man muss, sondern weil man will. Es ist gelebte Beziehung zwischen jemandem, der dich braucht, und jemandem, der gebraucht wird. Kümmern ist keine Dienstleistung, sondern das, was der Bildhauer und Aktionskünstler Joseph Beuys in seinem Gedicht «Lebe» so entwaffnend einfach formulierte: «Tu es aus Liebe!»

Meine kinderlose Freundin auf der Suche nach ihrer Mütterlichkeit ist übrigens Krankenschwester. Sie lebt ihre Mütterlichkeit bereits, es war ihr nur nicht bewusst. Sie wacht an Krankenbetten und leidet mit anderen. Ja, es ist auch bei ihr ein Job, aber einer, in den sie freiwillig ging. Den sie trotz aller Anstrengung und schlechter Bezahlung gerne macht.

Wie so viele Frauen, die ebenfalls in soziale Berufe strömen. Auch so ein Phänomen, das laut feministischer Idee nicht etwa damit zu tun hat, dass Frauen freiwillig in solche Berufsfelder gehen, möglicherweise, weil es ihnen gefällt und sie es gerne tun. Stattdessen wird auch hier unterstellt, das System, der Mann, die Struktur, die Erziehung usw. seien alle schuld. Was nicht sein soll, darf nicht sein.

Und so mühen wir uns lieber mit inszenierten «GirlsDays» ab, bei denen man Mädchen die Männerberufe schmackhaft machen will, anstatt den Tatsachen ins Auge zu sehen: Frauen neigen zum Kümmern. Oder sagen wir besser: zum Bemuttern.

Das ist kein Minus auf der menschlichen Skala, sondern das große Plus in einer zunehmend beziehungsarmen Gesellschaft. Wohl dem, der noch von jemandem bemuttert wird. Und wohl der Frau, die diese Gabe der Mütterlichkeit in sich wahrnimmt und weiterreichen kann. Weil sie will, nicht weil sie muss.

Kinderlose Frauen sind vielleicht nicht Mutter für ein Kind, sie können aber Mutter für viele sein. Der letzte Joker in einer Welt, die immer mütterärmer wird.

Kapitel 4
Wie viel Kind braucht die Mutter?

«Und wann gehst du dann wieder arbeiten?» – Welche Mutter kennt nicht diesen Satz? Meist in leicht vorwurfsvollem Ton ausgesprochen von Freundinnen, eigenen Müttern, Schwestern, Kolleginnen, besten Freundinnen und inzwischen auch durchaus von den eigenen Männern.

Ich hatte noch nicht mal einen wirklich sichtbaren Schwangerenbauch, als mich die erste Kollegin fragte: «Du kommst doch bald wieder?»

«Ich bin doch noch gar nicht weg», wollte ich eigentlich antworten. «Vielleicht können wir erst mal warten, dass dieses Kind auf der Welt ist? Und was geht dich das überhaupt an?»

Die Frage war sowieso nur rhetorisch gemeint, es war eine Aufforderung. Ich hatte damals nicht den Mut und auch nicht das Selbstbewusstsein, ihr all das ins Gesicht zu sagen, was ich gerne losgeworden wäre. Stattdessen fing ich an zu erklären, oder sagen wir besser: zu entschuldigen. Müttern wird das bekannt vorkommen. Dass ich jetzt erst mal drei Jahre in den Erziehungsurlaub gehen würde, dass ich das gerne mache und so weiter.

«Das muss doch heute nicht mehr sein», kam prompt der finale Kommentar hinterher. Die feministische Guillotine hatte ihr Urteil vollstreckt.

Ich war wütend damals. Weniger auf sie als auf mich selbst. Heute würde ich niemandem mehr empfehlen, sich mir verbal derart unvorsichtig zu nähern.

Damals aber hatte ich nichts gesagt. Ich war perplex, überfordert, genervt. Gar nicht in meinem Element wie sonst. 23 Jahre lang hatte ich geglaubt, eine selbstbewusste Frau zu sein, der die Welt offensteht. Ich bin selbstverständlich emanzipiert großgezogen worden. Man hat mich nie gebremst, weil ich ein Mädchen bin und Mädchen dieses oder jenes angeblich nicht tun sollten. Ich habe Sitzblockaden an der Schule mitorganisiert, und mein Vater erzählt heute noch davon, wie ich damals im Lehrerzimmer dem versammelten Kollegium mitgeteilt hätte, die Hälfte von ihnen müsste sowieso unverzüglich entlassen werden, weil sie zu alt wären.

Nein, mein Problem war wirklich nie die Wortlosigkeit. Hier aber blieben mir meine Gedanken im Hals stecken angesichts einer forschen Kollegin, die etwas ansprach, womit ich bislang keine Erfahrung hatte: das Bedürfnis, sich um ein Kind zu kümmern, das mich genauso überrannt hatte wie meine erste Schwangerschaft selbst.

Das ist etwas, das im großen feministischen Plan keinen Platz hat. Der weibliche Supergau. Die Mutterschaft ist das letzte ungelöste Problem dieser ganzen Bewegung. Sie ist so störrisch und evolutionär unbeweglich. Denn auch wenn man sich auf den Kopf stellt und wir noch weitere hundert Jahre bis zum Erbrechen alles durchgendern, was nicht bei drei auf den Bäumen ist, bleibt am Ende ungerührt die Tatsache stehen: Entweder Frauen kriegen Kinder – oder niemand.

Wir können zwar die Erwerbstätigkeit und das Geldverdienen, das Müllrausbringen und den Abwasch, die Wäsche und die Kinderbetreuung immer schön fifty-fifty aufteilen. «Partnerschaftlich», wie man das heute nennt. Nur das Kinderkriegen lässt sich nicht mit einer Quotenregelung zwischen Mann und Frau aufteilen. Wir können es auch nicht in Stuhlkreisen dekonstruieren. Wir sprechen über Biologie. Über die Natur. Über angeborene Veranlagungen. Über unser Wesen als Mann und Frau.

Das kann man nun gut finden oder nicht. Man kann sich der Fortpflanzung verweigern oder sie ausleben. Man kann sich seiner Weiblichkeit stellen oder sie problematisieren. Aber wir können nicht ändern, dass Männer Kinder zeugen und Frauen Kinder empfangen. Natürliche Sender und Empfänger verharren in stoischer Ignoranz gegenüber ideologischen und emanzipatorischen Theorien zur Frage, wie denn nun trotz leidiger Schwangerschaften die Gleichstellung von Mann und Frau endlich dem geschlechtergerechten Sonnenuntergang entgegenstreben kann.

Was alle feministischen Diskussionen der vergangenen hundert Jahre eint, ist nur eines: Keine dieser Theorien interessiert sich dafür, was Mütter selbst wollen. So als sei das ein absurder Gedanke, die Betroffenen alleine entscheiden zu lassen, wie sie ihr Leben mit Kind denn gerne gestalten würden.

Wo kommen wir denn da hin, wenn die unterdrückten, hormongesteuerten Wesen jetzt auch noch das tun, wonach ihnen einfach ist? Als ob es nicht schon schlimm genug wäre, dass wir uns ganz unbedacht haben begatten lassen.

Wie gut, dass wir uns als Mütter also nicht mehr den Kopf zerbrechen müssen, denn alles ist schon gedacht worden für uns. Von klugen Frauen, die es besser wissen. Weil sie nicht wie wir den ganzen Tag mit der niederen Tätigkeit des Windelnwechselns und Essenkochens beschäftigt sind. Sondern nicht selten mit akademischen Weihen gesegnet intellektuelle Höchstleistungen zugunsten ihrer Geschlechtsgenossinnen erbringen und sich dabei weder von Männern noch durch zu gebärende Kinder von ihrem theoretischen Wissen abbringen lassen.

Ich erhebe mit diesem Buch keinen Anspruch auf Empirie. Es ist mir egal, wie viele Mütter mir zustimmen. Ich führe keine Statistik, sondern ein Leben. In der Sache ist es zudem sowieso irrelevant, ob ich meine Position mit allen Müttern, mit neunzig, mit fünfzig oder zwanzig Prozent aller Mütter oder mit keiner einzigen anderen Mutter teile.

Denn selbst als eine unter Millionen sind meine Vorstellungen vom Leben, meine Träume und Wünsche nicht weniger relevant, nur weil sie möglicherweise niemand teilt.

Eine Frauenbewegung, die sich selbst ernst nimmt, muss sich davon verabschieden, den einen «richtigen» Weg für «die Frau» zu finden. Es gibt weder *die* Frau noch *den* Weg. Es gibt nur genauso viele Wege, wie es Frauen gibt. Das ist die echte Wahlfreiheit der Frau, wie man sie uns seit Jahren verspricht und gleichzeitig vorenthält.

Was mich umtreibt, ist die Essenz aus inzwischen Tausenden von Briefen, Erzählungen und Gesprächen mit anderen Müttern, mit denen ich mich nun seit achtzehn Jahren austausche, seit ich selbst Mutter bin. Es ist nicht nur meine Wut, sondern auch die von Tausenden von Müttern, die mir ihre Lebensgeschichten erzählt und geschrieben haben. Denen niemand in der Politik zuhört. Die medial unsichtbar bleiben. Denen man Verstand und Intellekt abspricht, weil sie lieber Kinder großziehen, als Vorstände zu stürmen. Die nicht selten von Selbstzweifeln geplagt waren, weil sie mit einer Gesellschaft konfrontiert sind, die ihnen täglich zuruft: «Du bist ein Niemand!» Und weil es in der Regel Frauen sind, die ihnen das sagen.

Ich bin es leid, immer wieder auf Frauen zu treffen, die nahezu platzen vor Ärger, die sich bei mir Luft machen, aber nicht dort, wo es eigentlich passieren sollte. Nämlich gegenüber den blöd Kommentierenden im Freundeskreis, gegenüber den Arbeitgebern und allen anderen, die glauben, es ginge sie etwas an.

«Ich weiß gar nicht, was mit mir geschehen ist. Ich war doch früher eine emanzipierte Frau», sagte mir einmal eine studierte Ärztin, mit drei Kindern selbsterziehend und noch nicht wieder berufstätig.

Was sie meinte, war ihr Unvermögen, sich gegen verbale Angriffe zu wehren, die sie als Mutter immer wieder degradierten. Für nahezu alle dieser Frauen, die mir in Seminaren und Vorträgen bislang begegneten, war es wie ein Aufatmen, dass ihnen mal irgendjemand sagte: «Hör nicht auf die anderen. Es ist gut, was du da machst. Wenn es dich glücklich macht, dann ist es gut.»

Vielleicht könnten wir es als Mütter leichter verkraften und könnten besser damit umgehen, wenn uns an der Frontlinie der Diskussion tatsächlich Männer gegenüberstünden. Dann könnte man sich wunderbar gegen «den Mann» zusammenschließen wie früher. Sich scheiden lassen, öffentlich BHs verbrennen und Rechte einfordern. Aber es sind die Frauen, die uns am meisten wehtun. Während Männer nicht selten sterben, ohne ihre Frauen vermutlich jemals wirklich verstanden zu haben, wissen wir Frauen untereinander ganz genau, wie wir einer anderen Frau wehtun können. Wir sind ja selbst eine.

«Ich werde ganz sicher nicht so blöd sein wie du und meinen Job an den Nagel hängen.» – Ich habe eine Freundin, die mehrere Jahre brauchte, um diesen Satz ihrer damals besten Freundin zu verarbeiten. Zu tief saß die Enttäuschung.

Erst beim vierten Kind hatte sich ihr einst die Sinnfrage gestellt. Sie schmiss die Geschäftsführung eines erfolgreichen Unternehmens, kümmerte sich fortan nur noch um ihre Kinder und bekam dann auch noch den fünften Sohn hinterher. Sie hatte auch bis dahin schon viel geleistet in ihrem Leben. Hatte gezeigt, dass sie beruflich erfolgreich sein konnte, wenn sie wollte. Sie war ein glorreiches Beispiel gelebter Vereinbarkeit von Familie und Beruf, wie aus dem Bilderbuch des Familienministeriums geschnitten.

Jetzt wollte sie aber nicht mehr, weil sie nicht mehr wusste, wofür sie das eigentlich tat. Welchen Sinn dieses durchorganisierte und gehetzte Leben haben sollte, das sie gar nicht mehr führte, sondern nur noch akribisch durchplante. Es war ihre beste Freundin, die am Esstisch in großer Runde dieses Urteil über sie sprach. «Du bist blöd und ich nicht.»

Es ist nur eine exemplarische Geschichte von vielen. Eine Frau, die zugunsten von Heim, Herd, Kind und – Gott behüte – Mann einen Job sausen lässt, gilt in unserer Gesellschaft als nicht ganz zurechnungsfähig.

Nun ist es nicht so, dass es keine Zahlen gäbe, keine Statistiken oder auch Umfragen, was Mütter denn gerne wollen. Wie sie sich ihr Leben mit Kindern vorstellen. Was sie von der Gesellschaft oder der Politik erwarten. Wir haben solche Zahlen, wir ignorieren sie bloß, weil die Frage nach der Mutterschaft ja nicht aus der Perspektive der Erfüllung, sondern aus dem Willen zur Vermeidung diskutiert wird, trotz aller Beteuerungen, man wolle doch die Geburtenrate erhöhen.

In modernen Versionen diskutiert man die Frage wiederum aus der Perspektive der Vereinbarkeit mit dem Beruf oder der Perspektive der eifersüchtigen Aufteilung leidiger Pflichten zwischen Mutter und Vater. Mutterglück findet in diesen Debatten nicht einmal zwischen den Zeilen statt. Es ist schlicht und ergreifend nicht das Thema in einer Gesellschaft, die sich längst darauf geeinigt hat, Kinder als notwendiges Übel zur Erhaltung des ökonomischen Wohlstandes zu betrachten.

Niemand interessiert sich für die Frage: Wie viel Kind braucht die Mutter? Ob sie diese Sehnsucht in sich spürt, sich ihrem Kind zu widmen, es zu umsorgen, zu lieben. Zeit mit ihm zu verbringen. Also all dieser sentimentale Kram, der so zeitraubend ist und uns als Frauen davon abhält, vermeintlich wichtigere Dinge zu tun. Und uns selbstredend in einem Abhängigkeitsverhältnis hält. Emotional zum Kind, finanziell zum Mann. Ein Komplott zur lebenslangen Fesselung an Heim und Herd, wie es scheint.

«Du kannst nicht loslassen» ist entsprechend der Vorwurf an die Mutter, die nicht bereit ist, an einer Strategie mitzuarbeiten, wie sie so schnell wie möglich wieder am alten Arbeitsplatz erscheint. Oder an irgendeinem Arbeitsplatz. «Richtig!», kann man nur rufen. Ich habe nämlich gar nicht vor, loszulassen. Mein Interesse liegt nicht im Loswerden, sondern im Festhalten. Nicht im Abgeben, sondern im Behalten.

Wer entscheidet denn, wann ich loslassen soll? Der Staat? Die Gleichstellungsbeauftragte meines Vertrauens? Oder die Super-Nanny von RTL II?

Wir sprechen von völlig unterschiedlichen Richtungen, und die waren aber leider in der großen Frauenbewegung nie vorgesehen.

Ich kann mich heute noch köstlich amüsieren über diesen Brief, der mich schon vor vielen Jahren von einer «Feministin der ersten Stunde» erreichte. Sie hatte selbst mit diesen Worten unterschrieben. Meine Vorstellungen von Familienpolitik hatten sie in Rage gebracht, schmiss ich doch angeblich mit meiner Forderung nach Unterstützung von Hausfrauen und selbst erziehenden Müttern alles über den Haufen, wofür sie mit ihrer Generation gekämpft hatte.

Nestbeschmutzerin, Verräterin, Antifeministin, ganz bestimmt von Männern bezahlt – die Liste der Vorwürfe ist über die Jahre länger geworden, hatte aber immer den gleichen Grundtenor: Da haben wir uns abgemüht, dass du es später mal besser hast als wir, und du trittst das mit Füßen. Am Ende ihres Schreibens hinterließ sie aber immerhin gönnerhaft die Idee, ich könnte mich ja nach wie vor der Frauenbewegung anschließen. Abbitte leisten, den Gang nach Canossa oder heute wohl ins Frauenmuseum antreten.

Was sie nicht verstanden hatte und nach ihr andere auch nicht: Ich bin längst Teil der Frauenbewegung. Ich laufe aber in eine andere Richtung. Es ist meine Entscheidung, wann ich wo abbiege.

Wenn man die Frage «Wie viel Kind braucht die Mutter?» in die Suchmaschine Google eingibt, findet das Internet keine Ergebnisse. Stattdessen dreht der Algorithmus die Suchanfrage sofort um, weil er denkt, wir hätten uns vertippt. Es finden sich schlicht keine Einträge, keine Diskussionen zu der Frage, wie viel Bedürfnis nach Kind eine Frau hat. Haben darf. Wie viel Nähe die Mutter zum Kind will. Wie viel Zeit sie mit ihrem Kind verbringen will – nicht muss.

Es muss ein absurder Gedanke sein in einer effizienten Welt, dass sich Erwachsene noch mit solchen Sentimentalitäten befassen. Das Netz spuckt nur hundertfach Ergebnisse aus, wie viel Mutter das Kind eigentlich noch braucht, bevor man es endlich aus dem Nest schubsen kann. Zig Artikel finden sich zu der Frage, wie viel Mutter, wie viel Eltern, wie viel Zuneigung und wie viel Zeit ein Kind denn nun wirklich mit der Mama brauche. Was denn nun gut sei für das Kind?

Nicht zu vergessen natürlich auch die heiß diskutierte Frage, ab wann wir unsere Kinder zu sehr lieben, ihnen zu viel geben, sie mit unserer Anwesenheit und unserem Eifer ersticken. Wir diskutieren das in den Feuilletons nicht deswegen, weil man sich wirklich um die Kinder sorgt, sondern immer aus der Perspektive: Wann können wir die Mütter endlich von den Blagen loseisen? Zur Freiheit, zum Arbeitsplatz, zum Licht der Erleuchtung, egal wohin, Hauptsache weg vom Kind.

Wir diskutieren also in Wahrheit nicht das Kindeswohl, sondern den Zeitpunkt, ab wann eine Mutter ersetzbar wäre. Austauschbar wäre, und zwar egal durch wen. Die Nachbarin, das Au-pair-Mädchen, die Kita-Erzieherinnen, die Tagesmutter, die Leih-Oma. Alle gelten als qualifiziert, eine Mutter zu ersetzen.

Und je länger wir diskutieren, umso kürzer wird der Zeitrahmen, den man der Mutterschaft noch gönnt. Wenn man könnte, würde man die Schwangerschaften vermutlich auf effiziente sechs Monate verschlanken und den Kreißsaal direkt in die Kita verlegen. Das spart Zeit und Wege. Toll!

Ich möchte die Perspektive wechseln, weil es mir egal ist, was andere Menschen darüber denken, was wohl gut für meine Kinder sei und ab wann ich wieder berufstätig sein könnte. Es geht die Menschen nämlich nichts an, solange meine Kinder sicher-sauber-satt sind.

Niemand will über die Frage reden, wie viel Kind ich selbst will. Wie viel Trennungsschmerz man als Frau erträgt. Wie viele Bedürfnisse und Sorgen verleugnet werden, wenn man sein Kind, nicht selten aus ökonomischen Gründen, morgens heulend in einer Kita abgibt. Niemand will über dieses ungute Bauchgefühl sprechen, das immer dann entsteht, wenn wir unsere Kinder zu früh allein lassen, über den Schmerz – nicht nur beim Kind, sondern auch bei der Mutter.

«Warum machen Sie den Müttern, die ihr Kind früh in eine Krippe geben, ein schlechtes Gewissen?» Auch eine beliebte Frage, die ich immer wieder zu hören bekomme. Die Antwort ist traurig: Ich tue es gar nicht, denn ich muss das gar nicht machen. Das ungute Bauchgefühl ist bei allen Müttern bereits da. Ich weiß es. Sie wissen es. Wir wollen es gerne ignorieren.

Es ist unser latent schlechtes Gewissen, jedes Mal, wenn wir gerade unsere kleinen Kinder in fremde Hände geben. Selbst dann, wenn die Hände nicht fremd, sondern bekannt sind. Es ändert nichts an dem Unbehagen. Ich möchte keiner Mutter ein schlechtes Gewissen machen. Ich kann es ihr aber auch nicht nehmen. Keine Absolution erteilen, die wir alle deutlich lieber hätten.

Wir kennen alle Sätze wie: «Er hört immer gleich wieder auf zu weinen, wenn Sie weg sind.» Ich habe diesen Satz auch gehört bei zwei Kindern, und diese waren damals schon drei Jahre alt, also durchaus kindergartentauglich. Ich hab ihn geglaubt, weil ich ihn glauben wollte und weil es tatsächlich auch irgendwann so war.

Ich weiß aber auch, dass es bei einem Kind nicht funktionierte. Dass er nicht aufhörte. Dass er nach drei Stunden immer noch in der gleichen Ecke stand und nicht einmal mit Süßigkeiten zu bestechen war, diesen Platz an der Tür zu verlassen. Diesen Platz, an dem ich ihn zurückgelassen hatte.

Keine Theorie hilft gegen den Stich in deinem Herzen.

«Quality-Time» heißt das Zauberwort, mit dem man uns Mütter und eigentlich alle Eltern zu beruhigen und einzulullen versucht. Die Theorie besagt, es käme ja nicht darauf an, wie viel Zeit wir mit unseren Kindern verbrächten, sondern nur, dass die wenige Zeit, die wir erübrigen können, dann qualitativ wertvoll gestaltet würde.

Was bedeutet qualitativ wertvoll, wenn es um Beziehungen zwischen Menschen geht? Ich höre dann von intensivem Spiel mit pädagogisch wertvollem Spielzeug. Extravaganten Ausflügen, Shopping-Touren bei den Älteren, Bücher vorlesen, ganz groß im Kurs, oder auch von kreativem Basteln mit Anleitung. Es muss schon was Besonderes sein. Nicht einfach nur schnöder Alltag. Die hart erkämpfte Quality-Time muss bitteschön was zu bieten haben und selbstredend vom Kind entsprechend gewürdigt werden, schließlich legt man sich doch extra ins Zeug in seinem Zeitfenster von zwei Stunden.

Und was das auch alles kostet. Der Klavierunterricht und der Englischkurs für Dreijährige, zu dem ich das Kind doch extra hinfahre. Die frühkindliche Musikförderstunde und der ganze Sport erst! Das Rahmenprogramm wird wichtiger als die Beziehung.

Und damit wird grundlegend ignoriert, dass die Beziehung zwischen Kindern und Müttern nicht das Besondere, sondern das Alltägliche braucht. Nicht das Punktuelle, sondern das Zuverlässige. Dass Kinder nicht auf Knopfdruck Lust haben, sich uns zu widmen, nur weil wir gerade Zeit haben. Unsere Kinder denken nicht in Quality-Time-Einheiten. Sie denken im Jetzt und Hier. Je kleiner sie sind, je mehr.

Und entweder wir sind da, wenn sie uns gerade brauchen, oder wir sind es nicht. Dazwischen gibt es nichts, wenn ein Kind sich gerade freut, gerade geärgert wurde oder sich wehgetan hat. Es will sich mitteilen. Sofort. Aus Kinderperspektive ist Quality-Time schlicht und ergreifend Erwachsenen-Unsinn. Und manchmal will es sich gar nicht mitteilen, ausgerechnet wenn wir fragen, weil wir nur jetzt Zeit haben.

Wer einmal von einem Teenager, der missmutig aus der Schule kommt, auf die Frage «Ist was passiert?» ein «Nichts!» entgegengeschleudert bekommen hat, weiß, dass Kinder nicht dann reden, wenn wir fragen. Dass man einfach da sein muss. Ansprechbar sein muss. Für den Moment, wenn ein Kind bereit ist, sich anzuvertrauen, sich zu öffnen. Wer nicht da ist, ist faktisch nicht ansprechbar. Das ist kein Vorwurf, sondern ein Fakt.

Das sehen auch Achtzehnjährige noch so, musste ich selbst frustriert feststellen. «Du hättest mir doch eine Nachricht über WhatsApp schicken können», hatte ich einst auf die Beschwerde geantwortet, ich sei ja nicht da gewesen – wann hätte sie mir das alles erzählen sollen? Entgegen allen

Unkenrufen haben auch heutige Teenager noch einen Sinn für analoge Kommunikation, die nicht durch digitale Sprechblasen ersetzt werden kann.

Beziehungen brauchen sinnlos verprasste Zeit. Verschenkte Zeit am Rand eines Sandkastens. Als wachsames Auge, wenn kleine Menschen zu großen Abenteuern aufbrechen. Verschenkte Zeit beim Immerwiederlesen einer Geschichte, nicht weil sie pädagogisch wertvoll ist, sondern langweilig gleich, jedes ... einzelne ... Mal.

Verschenkte Zeit, in der Kinder mitmachen dürfen, teilhaben dürfen an banalen Dingen wie Einkaufen gehen und Regale bestaunen. Essen kochen, Gewürze riechen, sich in die Finger schneiden. Badezimmer putzen, Gartenarbeit oder Auto waschen. Auch wenn es mehr Zeit kostet, es mit Kindern zu machen, als es schnell als Erwachsener zu erledigen. Zeitlose Zeit beim Betrachten von Wolken, beim Blumenpflücken und beim Kichern mit Kindern.

Mütter, die Zeit haben, sind der Antipol in einer gehetzten Gesellschaft. Sie sind Hüterinnen der Zeit gegen den Zugriff der Grauen Herren aus Michael Endes «Momo»-Geschichte. Mütter, die noch Zeit haben, sind das letzte Bollwerk gegen die Mechanismen einer effizienten Gesellschaft und den verschlingenden Zugriff eines kapitalistischen Marktes.

Immer wenn jemand von «Quality-Time» redet, frage ich mich, für wen das wohl gelten soll. Nur für Kinder, oder auch für Erwachsene? Als solche würden wir es uns vermutlich nicht bieten lassen, dass sich staatliche Stellen anmaßen zu definieren, wie viel Zeit wohl gut wäre in der Beziehung zu unserem eigenen Partner.

Wie viel Ehefrau braucht der Mann? Wie viel Ehemann braucht die Frau? Möchten Sie dafür gerne Tipps von Ihrer Bundesregierung? Können wir eine Beziehung nicht auch in einer Quality-Time von einer halben Stunde vor dem Schlafengehen führen? Als erwachsene Liebende würden wir uns fragen, ob die Politik noch alle Tassen im Schrank hat, eine Liebesbeziehung zu einem anderen Menschen in zeitlich nötige Stunden zu pressen. Gemeinsam verbrachte Zeit als notwendiges Übel zu betrachten, bevor man endlich wieder ins Büro fahren darf.

Wenn wir als Erwachsene lieben, dann suchen wir nach Zeit, dann vermissen wir es, wenn der andere nicht da ist. Dann tun wir unvernünftige Dinge, nur um den anderen zu sehen. Um Zeit miteinander zu verbringen. Die Liebe zu einem Kind ist die ultimative Liebesbeziehung schlechthin. Sie ist ein Geschenk. Nie mehr wieder werden wir in unserem Leben so bedingungslos geliebt wie von einem kleinen Kind, das uns ohne Hintergedanken, ohne Berechnung anhimmelt, einfach nur weil wir das sind, was wir sind: seine Mama.

«Aber fällt Ihnen denn nicht auch mal die Decke auf den Kopf nur zu Hause?» – Auch ein Klassiker, der nicht fehlen darf im Umgang mit Müttern. Ja, sicher tut es das! Natürlich fällt mir auch mal die Decke auf den Kopf. Manchmal hatte ich in den vergangenen achtzehn Jahren das dringende Bedürfnis, in irgendein Büro zu fahren und irgendeinen noch so stumpfsinnigen Job zu machen nur aus einem einzigen Grund: um hinter mir eine Türe zu schließen und mal für eine halbe Stunde nicht ansprechbar zu sein.

Ich kenne Mütter, die sich im Bad einschließen, um das zu erreichen. Weil es anstrengend ist, wenn man den ganzen Tag im Dienst ist und nicht selten auch die halbe Nacht. Kinder haben nämlich in der Regel nicht nur die Angewohnheit, hintereinander auf die Welt zu kommen, sie wiederholen das mit allen Kinderkrankheiten, dem Zahnen, den Alpträumen und dem sinnlosen Rufen nach Mama, einfach nur um zu schauen, ob sie noch da ist. Mit Vorliebe nachts.

Ja, natürlich ist auch das Mutterdasein nicht 24 Stunden am Tag über Jahrzehnte ein Zuckerschlecken und täglicher Sonnenschein. Ich stelle allerdings gerne die Gegenfrage: «Und Sie, fahren Sie seit zwanzig Jahren jeden Morgen mit Begeisterung ins Büro?»

Ganze Radiosendungen füllen sich am Montagmorgen mit der schlechten Laune, weil das Wochenende vorbei ist. Wir streiten politisch über schlechte Bezahlung, Dumpinglöhne, Ausbeutung, mobbende Kollegen, cholerische Chefs und unbezahlte Überstunden. Na, ist ja großartig, was ihr mir da im Tausch für meine Kinder anzubieten habt. Eine echte Verheißung. Da geb' ich doch gerne meinen Nachwuchs her, um ihn gegen die unendlich großen und erfüllenden Freuden des Arbeitsmarktes einzutauschen. Danke, aber danke nein.

Entscheidend ist doch die Summe am Schluss. Egal, was wir in unserem Leben tun. Es gibt immer Höhen und Tiefen. Freuden und Leid. Gute und schlechte Tage. Die wesentliche Frage bleibt doch am Ende: Würde ich das, was ich tue, gerne eintauschen? Und da ist meine Antwort: Ich würde es jederzeit und trotz allem ganz genau so wiederholen.

Und deswegen lasse ich mein Kind erst dann los, wenn ich es für richtig halte. Schütze es, glucke über ihm, verteidige es, vergöttere es, erziehe und schimpfe, liebe und lobe. So lange, wie es richtig ist für mich und richtig für dieses eine Kind. Jedes einzelne. Weil nicht nur Mütter, sondern auch Kinder völlig unterschiedlich sind. Weil manche Kinder früh selbständig sein können und andere uns jahrelang brauchen. Es sind nämlich keine Maschinen, die man in einem genormten Prozess herstellt, sondern Menschen.

Kapitel 5
Nimm endlich teil!

Eine meiner liebsten Schrecklichkeiten aus dem sprachlichen Repertoire frauenbewegter Ahnungsloser ist die eingeforderte «Teilhabe am gesellschaftlichen Leben». Es ist die Mutter aller Floskeln. Man sieht förmlich, wie sich Gesichter zur Faust ballen, bereit, in den Geschlechterkrieg zu ziehen, um sich endlich seinen gerechten Anteil zu holen. Bis heute nicht totzukriegen, auch wenn die neuerdings geforderte «partnerschaftliche Beziehung» ihr verbal langsam den Rang abläuft auf meiner ganz persönlichen Sprechblasen-Skala.

Dicht darauf folgt der Begriff von der «Überwindung patriarchaler Systeme», der damit einhergehenden «strukturellen Diskriminierung», den gepanzerten «gläsernen Decken», die mit Vorliebe vor Vorstandstüren imaginär errichtet sind, den «vergeudeten Potenzialen» für den Arbeitsmarkt, die es zu aktivieren gilt, also Frauen wie mich, und nicht zuletzt von der viel beschworenen «Vereinbarkeit von Familie und Beruf».

Kein politisches Programm kommt ohne aus. Man könnte ein ganzes Bingo-Spiel zusammenstellen mit den immer wiederkehrenden Redewendungen emanzipatorischer Befreiungsrhetorik. Ich bekomme Brechreiz, jedes Mal, wenn feministische Berufsempörte es schaffen, mehrere sprachliche Seifenblasen gleichzeitig in einen Satz zu packen.

«Frauen wollen am gesellschaftlichen Leben teilhaben und sich die Vereinbarkeit von Familie und Beruf partnerschaftlich aufteilen. Unsere Familienpolitik hilft Frauen, ihre Potenziale zu entfalten. Frauenquoten helfen dabei, die tradierten Rollenstereotype zu durchbrechen, die strukturelle Diskriminierung zu beseitigen, damit schaffen wir Gerechtigkeit und Partnerschaftlichkeit für alle.»

Ich bin sicher, das kriegt man in der Abteilung Öffentlichkeitsarbeit im Familienministerium nicht besser hin. «Gleicher Lohn für gleiche Arbeit» hatte ich noch vergessen. Nehmen Sie den Satz einfach auseinander, würfeln ihn durch und setzen ihn neu zusammen. Funktioniert reibungslos.

«Gesellschaftliche Teilhabe» sollte es schon bei Simone de Beauvoir sein. Gesellschaftliche Teilhabe der Frau war allerdings auch in der *Säuglingsfibel*[2] der DDR wörtlich als Motiv notiert, um der sozialistischen Mutter die Teilhabe am Fließband zu ermöglichen. Frauen zur Freiheit!

«Für die volle Durchsetzung der Gleichberechtigung der Frau haben unsere Kindereinrichtungen einen wesentlichen Beitrag zu liefern, weil sie der Mutter weitgehend die Ausübung ihres Berufes, ihre berufliche und kulturelle Qualifizierung und ihre Teilhabe am gesellschaftlichen Leben ermöglichen», steht dort. Und wie ein roter Faden zieht sie sich durch die Frauen- und Familienpolitik der vergangenen Jahrzehnte.

Zuletzt warf mir eine höchst unentspannte «feministische Ökonomin» mit Lehrstuhl in Wien im österreichischen Fernsehen die «gesellschaftliche Teilhabe» an den Kopf und hatte überhaupt kein Verständnis, dass ich wiederum an ihren Vorstellungen vom Leben so gar nicht teilhaben wollte.

Die Dame erfüllte so ziemlich jedes Klischee, das man mit genug Böswilligkeit einer Feministin auch andichten kann. Sie sind ja nicht alle verbiestert und engstirnig und hysterisch im Auftreten. Diese schon. Wie ein Relikt aus den Siebzigern sprach sie immer noch in der Rhetorik der ersten feministischen Stunden. Frauen an die Waffen und auf ihn mit Gebrüll!

Man muss wissen, unerlässlich ist heute in diesen Debatten nicht nur der Pranger für Hausweibchen, sondern auch derjenige für den «weißen heterosexuellen Mann» als Grund allen Übels. Also der Typ Mann, den mögliche Mütter in der Regel gerne heiraten würden. Unsere potenziellen Paarungspartner sind mit auf dem feministischen Index gelandet. Ein Schelm, wer Böses dabei denkt. Oder gar System entdeckt.

Das Gerede um die gesellschaftliche Teilhabe hat über die Jahre nichts an Attraktivität eingebüßt. Der Grund ist einfach. Die Teilhabe an der Gesellschaft ist in diesem Diskurs immer nur außerhalb der Familie möglich. Familie und vor allem Mutterschaft findet in diesem Weltbild irgendwo abseits vom gesellschaftlichen Leben statt.

In manchen Köpfen scheint ja sowieso die Vorstellung vorzuherrschen, dass man Mütter und Hausfrauen zu Hause im Keller bei Wasser und Brot hält. Ihre Kinder natürlich auch, deswegen muss man diese ja auch aus den Fängen ihrer Eltern retten. Die Kinder wiederum sollen nicht nur am gesellschaftlichen Leben abseits ihrer Mütter, sondern neuerdings auch an Bildung «teilhaben», weil sie diese im intellektuellen Keller ihrer Elternhäuser ja bekanntlich nicht kriegen.

Teilhabe beginnt also qua Definition immer erst, wenn ich mich von meiner Familie verabschiede, mein Kind aus den Händen gebe, in die Erwerbswelt eintauche und den häuslichen Kosmos verlasse. Nirgendwo wird das vernichtende Urteil über die Relevanz familiärer und häuslicher Arbeit sichtbarer als in dieser Formulierung.

Du bist zu Hause? Dann nimmst du nicht teil. Und so ziehen wir zwar die nächste Generation groß, nehmen aber leider, leider an der Gesellschaft nicht teil. Wir arbeiten ehrenamtlich, aber schade, Mädchen, leider keine Teilhabe. Du verdienst kein Geld? Armes Ding. Schau, dass du da endlich rauskommst und teilnimmst!

Also, zieh endlich los ins pralle Leben der Arbeitswelt, in die echte Teilhabe am gesellschaftlichen Leben, zur Reaktivierung weiblicher Gehirnzellen und natürlich zur Teilhabe am Steuerkreislauf, am Sexualleben und am Konsum. Denn merke: Als «Nur»-Mutter, die Kinder großzieht, bist du *per definitionem* raus aus dem Spiel. Nimmst nicht teil. Familie und Kind sind hier als außerhalb der Gesellschaft stehend definiert.

Schuld an der weiblichen Misere fehlender Teilhabe trägt aus dieser Perspektive natürlich einerseits das Kind, das die Zeit und Aufmerksamkeit der Mutter einfordert. Und dazu natürlich auch der oben zitierte weiße Heteromann, der sie böswilligerweise schwängerte, nur um seine Gene zu streuen. Uns anschließend dann aber einredet, es sei unsere Aufgabe, uns um die Brut zu kümmern, wo sie schon mal da ist, und damit clevererweise nicht nur alle unsere anderen Ambitionen auf höhere akademische Weihen oder gar Konkurrenz im Keim erstickt. Willkommen in den Fängen des Patriarchats, der strukturellen Diskriminierung. Bingo!

Grob zusammengefasst ist das die Argumentationskette gegen gelebte Mutterschaft, wie sie sich von Simone de Beauvoir über Betty Friedan, die gute Alice Schwarzer, Élisabeth Badinter, Lieselotte Ahnert, Jutta Allmendinger, Bascha Mika und bis heute in der Rhetorik frauenbewegter Politikerinnen hält. Die Nuancen liegen bloß im Detail, in manchen Begründungen. Aber im Grunde ist die Mutterschaft als feministisches Problem voll erkannt.

Mein Gott, wie müssen all diese Frauen mit ihrer eigenen Biologie gehadert haben, dass ihnen die Natürlichkeit einer

Mutter-Kind-Beziehung ein derartiger Dorn im Auge war. «Biologistin!» ist entsprechend bis heute das Schimpfwort Nummer eins, wenn man die eigene Gebärfähigkeit nicht zum Problem, sondern als Bereicherung der eigenen Weiblichkeit definiert.

Was nicht sein darf, muss bekämpft werden. In der feministischen Rhetorik kam man dabei noch nie ohne den animalischen Jargon aus, der sich bis heute standhaft hält. In diesem Milieu ist «Muttertier» ein Schimpfwort.

Dass stillende Mütter verächtlich als «Milchkühe» bezeichnet werden, sich kinderreiche Familien «wie Karnickel» fortpflanzen, fürsorgliche Mütter als «Glucken», übereifrig ambitionierte Mütter als «Tiger-Moms» und sich nicht kümmernde als «Rabenmütter» bezeichnet werden, nahm schon bei Simone de Beauvoir seinen Anfang.

Man variiert nur in der Wahl des Tierbildes, marschiert aber vereint mit einem Ziel: Das Kümmern um die Brut muss mit allen Mitteln als etwas intellektuell Minderwertiges diskreditiert werden. Als etwas Tierisches, Instinktgetriebenes und damit qua Definition für Menschen nicht angemessenes Verhalten. Als etwas, wovon sich eine von Geist beseelte Frau unbedingt zu lösen habe, wenn sie gesellschaftlich ernst genommen werden will. Dafür sind alle Mittel der Beleidigung recht.

Und so sind wir Mütter für die alte Simone de Beauvoir eben nur «eine Bruthenne». So beschreibt sie es in ihrem

Buch-Klassiker *Das andere Geschlecht*[3]. Schwangere sind in ihren Augen eine seltsame Symbiose, ein «zweideutiges Paar», das vom Leben «überflutet wird». Die Mutter ist damit aus ihrer Perspektive «in den Fängen der Natur», sie ist «Pflanze und Tier, eine Kolloidreserve, eine Bruthenne, ein Ei».

Selbst Kinder würden Schwangere verspotten, weil sie – obwohl zu Bewusstsein und Freiheit geboren – mit Kind im Bauch nur noch «zum passiven Werkzeug des Lebens» geworden seien.

Ergüsse dieser Art ziehen sich durch ihr ganzes Werk. Mütter sind in ihrer Vorstellungskraft nicht mehr handelnde Personen, sondern nur Spielball der Natur. Niemals kann es aus dieser Perspektive zu einer weiblichen Erfüllung durch Mutterschaft kommen, sondern nur durch deren unbedingte Vermeidung.

Der Kampf um die Abtreibung war aus dieser Sicht nahezu eine logische Konsequenz. Eine Frau, die sich der Mutterschaft hingab, war auf das Niveau eines Tieres degradiert, so eine Frau hat keinen Geist, sie ist nur Fleisch.

Mal ehrlich: Will ich mir als Mutter von so einer Frau mein Leben erklären lassen? Man muss faktisch einfach festhalten, dass sich die gesamte europäische Frauenbewegung auf die Ausführungen einer Frau stützt, die zeit ihres Lebens bewusst kinderlos blieb und Müttern schlichtweg den Verstand absprach. Auf eine Frau, die weder Mutterschaft noch Familie aus eigenem Erleben begreifen konnte, weil sie es nie besaß und zudem ein Leben lang eine kompliziert-platonische Beziehung mit einem Philosophen führte, der seine männlichen Gelüste lieber mit anderen jungen Frauen auslebte. Kann man ja machen, wenn man es mag. Überliefert ist aber, dass de Beauvoir immer mehr in diese Beziehung investierte, als ihr Jean-Paul Sartre zurückzugeben bereit war.

Bis heute scheint das Konzept der sogenannten «offenen Beziehung» vor allem latent Untreuen ein attraktives Lebensmodell zu sein. Und diese Frau will mir was von Mutterschaft und von weiblicher Unabhängigkeit erzählen? Heute würde man ihr einen guten Trennungs-Therapeuten empfehlen, stattdessen haben wir ihr einen Heiligenschrein zur ewigen Anbetung gebaut.

Nicht weniger tierisch als mit de Beauvoirs eierlegender Henne beglückt uns ihre französische Nachfolgerin Élisabeth Badinter. Sie steht ganz oben im Ranking auf der Mütter-Diffamierungsskala und hat das Erbe de Beauvoirs damit vorbildlich übernommen. Nahezu unheimlich werden ihre Ausführungen mit dem Wissen, dass sie selbst dreifache Mutter ist.

Das ist etwas, das sie von allen anderen Tonangebenden der vergangenen Jahrzehnte in dieser Debatte unterscheidet, die ihre Ergüsse zum Thema Mutterschaft in der Regel aus der Perspektive absichtlicher, lebenslanger Kinderlosigkeit zum Besten gaben. Bei Badinter ist das Kind ein «Parasit» an der Brust der Mutter. Der beste «Kollaborateur des Mannes zur Festigung des Patriarchats».

Ich stieß einst auf ihr Buch *Der Konflikt. Die Frau und die Mutter*[4], weil es eine überschwängliche Empfehlung aus Alice Schwarzers «EMMA»-Magazin war. Durchaus auf einiges gefasst, wurde ich von diesem Pamphlet in meinen Befürchtungen jäh rechts überholt.

Für Badinter ist es gesetzt, dass wer Frauen auch noch zum Stillen ihrer Kinder animiert, zur Versklavung der Frau beitrage. Damit würde man «über das Muttersein naive Klischees verbreiten, ohne mit einem Wort die Kehrseite der Medaille zu erwähnen: die verlorene Freiheit und ein gefräßiges, despotisches Baby, das seine Mutter verschlingt».

Ja, Kinder sind bei ihr wirklich kein trautes Glück. Die Geburt wird noch zum «Totengeläut», das fortan Freude, Freiheit und Sorglosigkeit der Mutter beerdigt. Bei Badinter sind wir also nicht nur Milchkühe, sondern sie bemüht das Bild der Pelikan-Mutter, um uns zu diskreditieren.

«Sobald Deutsche, Italienerinnen oder Japanerinnen Mütter werden, verkümmert ihre Rolle als Frau oft […] In diesen Ländern ist eine Frau, die diese Bezeichnung verdient, eine Pelikanmutter, die für ihren Nachwuchs zu allen Opfern bereit ist – so, wie man einst vom Pelikan glaubte, er speise seine Jungen mit seinem eigenen Blut.» Das schreibt sie 2010 in einem Essay in der WELT.[5] Das Kind als saugender Parasit, der das Fleisch aus der Brust der Pelikanmutter hackt. Danke auch.

Der diffamierende Tiervergleich für die innige Beziehung zwischen Mutter und Kind hat seinen Ursprung allerdings schon früher als erst bei den Damen der weiblichen Freiheitsbewegung.

«Affenliebe» nannte es Johanna Haarer in ihrem Standardwerk über die richtige Beziehung für Mutter und Kind. Zärtlichkeiten waren suspekt, selbst der Eigengeruch eines Kindes galt nicht etwa als hinreißender Duft eines Babys, sondern als unrein, weswegen die Mutter angehalten wurde, ihr Kind ständig abzuwaschen. Sterile Babys. Stillen war in Ordnung, aber streng nach Zeitplan alle vier Stunden. Trink jetzt oder stirb.

Der Ratgeber liest sich wie eine Abrichtung von Zirkustieren. Jede Emotion, jede Sentimentalität musste im Keim erstickt werden, um bloß nicht Nähe zwischen Mutter und Kind entstehen zu lassen. Zärtlichkeiten aber waren das Schlimmste, denn solche «Affenliebe verzieht das Kind wohl, erzieht es aber nicht».

Johanna Haarer hatte als Kinderärztin das nationalsozialistische Standardwerk zur deutschen Mutter und ihrem Kind geschrieben.[6] Ein Ratgeber für die perfekte, eiskalte Nazimutter, die dem Führer williges Kanonenfutter gebären sollte.[7]

Es entbehrt nicht einer gewissen Ironie, dass de Beauvoir,

Badinter und alle, die sie freudig zitierten, den gleichen Keil zwischen Mutter und Kind trieben und die gleiche Methode des diffamierenden Tiervergleichs nutzen, wie es jene Kinderärztin im Dienst der Herren Nazis bereits tat. Herzlichen Glückwunsch, meine Damen.

Letztendlich war der Zweck dieser Diffamierung aber überall derselbe: das Lächerlichmachen der engen Beziehung zwischen Mutter und Kind. Nahezu schambehaftet sollte es sein, Nähe zu empfinden, mehr zu wollen als steriles Füttern, Baden und Schlafenlegen. Du willst doch nicht etwa wie ein Tier sein? Ohne Geist, ohne Verstand, ohne Teilhabe am echten Leben der vernünftigen Erwachsenen?

Am schönsten hat es übrigens das kommunistische Manifest formuliert, womit wir uns dann auch aller Illusionen entledigen können, es ginge tatsächlich um das Wohlergehen der Frau und nicht etwa um knallharte Durchsetzung einer politischen Ideologie.

Obwohl aus dem Jahr 1920, erscheinen mir die Russen Nikolai Bucharin und Jewgeni Preobraschenski auch in Bezug auf aktuelle Frauenpolitik völlig up to date:

«Der Gesellschaft gehört auch das ursprünglichste und fundamentalste Recht der Kindererziehung. Von diesem Standpunkte aus müssen die Ansprüche der Eltern, durch die Hauserziehung in die Seele ihrer Kinder ihre eigene Beschränktheit zu legen, nicht nur abgelehnt, sondern auch ohne Erbarmen ausgelacht werden. [...] Die gesellschaftliche

Erziehung ist daher nicht allein aus pädagogischen Erwägungen notwendig; sie bringt ungeheuer große wirtschaftliche Vorteile. Hunderte, Tausende, Millionen Mütter werden durch die Verwirklichung der gesellschaftlichen Erziehung für die Produktion und für ihre eigene kulturelle Entwicklung frei werden. Sie werden von der geistestötenden Hauswirtschaft und der unendlichen Zahl der kleinlichen Arbeiten, die mit der Hauserziehung der Kinder verbunden sind, befreit.»[8]

Ähnlich wie die Herren Nazis hatten auch die Kommunisten nicht mehr und nicht weniger im Kopf als den Zugriff auf das Individuum. Nun waren sie zwar Ideologen, aber leider nicht blöde, weswegen alle Ideologen immer begriffen haben: Um den Menschen neu zu formen, um ihn in deine Gewalt zu bringen, musst du ihn entkernen, bloßstellen, von anderen isolieren. Auch und gerade von seiner Familie. Erst wenn du alleine, frierend und wurzellos dastehst, kann Väterchen Staat seine vermeintlich wärmenden Arme um dich legen.

Früher nannte man es «Befreiung» des Menschen, heute nennt man es «Dekonstruktion». Im Ergebnis bleibt es gleich.

Man könnte jede Einzelne dieser Damen für sich als irrelevant erklären, zöge sich dieses Bestreben, einen Keil in die Mutter-Kind-Bindung zu treiben, nicht wie ein roter Faden durch die Geschichte der feministischen Befreiungsbewegung. Man kann aber auch den Feministinnen keine Absolution erteilen, dass sie nicht gewusst hätten, was sie taten oder gar auf wen sie sich beziehen.

De Beauvoir war eine kluge Frau, belesen. Sie wusste genau, wovon sie sprach. Von ihr stammt nicht nur der berühmte Satz, dass wir ja nicht als Frau geboren würden, sondern durch die Gesellschaft zu einer gemacht werden, sondern auch diese Sätze aus dem Jahr 1976: «Keiner Frau sollte es erlaubt sein, zu Hause ihre Kinder großzuziehen. Frauen sollten diese Wahl nicht haben, denn wenn sie diese Wahl hätten, würden sich zu viele Frauen dafür entscheiden.»[9]

Die Ikone der Frauenbewegung war in ihren methodischen Ansätzen nicht weniger totalitär als jeder andere politische Ideologe vor und nach ihr. Auch sie interessierte sich nicht im Geringsten für die Wünsche von Müttern. Im Gegenteil, hätte sie die Macht dazu gehabt, sie hätte uns sogar gerne das verboten, was wir als Mütter tatsächlich tun wollen.

Zuerst wollte man uns von den Männern befreien, dann von unseren Kindern. Damit wären alle Bindungen gekappt. Die moderne Frau ist autonom. Und einsam.

Kapitel 6
Wir Retro-Weibchen

Haben Sie schon mal eine Hausfrau in Farbe gesehen? Wahrscheinlich nicht. Denn immer, wenn von der sogenannten «Hausfrau und Mutter» in deutschen Medien die Rede ist, werden gerne Schwarz-weiß-Fotos dazugestellt. Es muss eine Spezies sein, die längst ausgestorben ist, denn man bekommt sie offensichtlich nicht mehr für digitale Farbfotos vor eine Kamera.

Deswegen ist es ja auch gut, dass in den Archiven deutscher Zeitungs- und Fernsehredaktionen noch ein paar Kopien von Persil-Waschmittel-Werbung aus den sechziger Jahren liegen, sonst hätte man ja gar kein Material zur Bebilderung all der Berichte über diese Lebensform, die offenbar vom Aussterben bedroht ist.

Würde Professor Grzimek noch leben, er würde sicher versuchen, für seine Sendung «Ein Platz für Tiere» die letzten lebenden Muttertiere auf Band zu bekommen, indem er ihnen geduldig vor Spielplätzen mit einer gut getarnten Kamera auflauert.

Business-Moms wiederum sind in deutschen Medien in Farbe erhältlich. Die sind ja auch modern, die tun ja was. So kann man das schon farblich darstellen, was man inhaltlich aussagen will: Arbeitende Mütter sind moderne Wesen der Neuzeit. Nicht berufstätige Hausfrauen-Mütter sind nur in der Retro-Version auf vergilbten Bildern erhältlich.

Man könnte natürlich wenigstens ein Foto der «Desperate Housewives» aus der gleichnamigen amerikanischen Erfolgsserie nehmen. Die gibt es schon in Farbe, in gutaussehend und Designerklamotten. Aber dann würde die beabsichtigte Wirkung, die man erzielen will, natürlich wegfallen.

Es ist weder Zufall noch ein Versehen. Die Darstellung von Müttern im öffentlichen Raum folgt schon lange einer Verdrängungstaktik. Die normale und schlimmstenfalls sogar auch noch glückliche Mutter wird einfach nicht mehr gezeigt. Es folgt einer gewissen Tradition, uns optisch und verbal zu degradieren und schleichend unsichtbar zu machen.

Beherzigt man die Doktrin der Kommunisten, wonach Familie und das Selbsterziehen der Kinder verlacht werden sollen, um dagegen vorzugehen, ist das eine logische Konsequenz.

Folgt man der Strategie der Feministinnen, die ebenfalls mit der verbalen Degradierung solcher Frauenleben arbeiten, muss das nicht nur sprachlich, sondern auch optisch bereits im vorpolitischen Raum umgesetzt werden, indem die Darstellung dieses Typus Frau neuen Regeln folgt. Steter Tropfen höhlt den Stein. So, wie man öffentlich gezeigt wird, so nehmen einen Fremde wahr – und man sich selbst irgendwann auch.

Fragt man eine Hausfrau und Mutter, was sie denn beruflich macht, sagt sie in der Regel: «Ich bin nur Hausfrau.» Dieses «nur» ist bereits in Fleisch und Blut übergegangen. Jahrzehntelange Schmähung hat ihren Zweck erfüllt und sich auch in den Köpfen der Betroffenen festgesetzt. Die Gehirnwäsche funktioniert. Frau schämt sich dafür, nur so etwas Minderwertiges wie Kindergroßziehen zu machen, auch wenn sie es gerne macht. Deswegen redet man auch ungern darüber. Was ist man schon in den Augen der anderen?

Dass man die Abbildung der normalen Frau als Mutter medial absichtlich vermeidet, erscheint dann fast wie eine freiwillige Selbstkontrolle ganz im Sinne dessen, was bereits im Jahr 2010 über viele Monate hinweg im Ausschuss für Chancengleichheit von Männern und Frauen des Europarates ernsthaft diskutiert wurde.

Damals hatte eine Abgeordnete den Antrag gestellt, der Europarat möge beschließen, Medien europaweit dazu anzuhalten, den Begriff «Mutter» nicht mehr zu verwenden und Frauen auch nicht mehr medial als Hausfrauen und Mütter zu zeigen, weil dies «sexistisch und stereotyp» sei. Frauen wie ich sollten also bitteschön lieber unsichtbar bleiben, um nicht den Eindruck zu erwecken, dass es uns tatsächlich gäbe.

Man sah die Gender-Gleichheit in Gefahr, weil man glaubte, durch das Zeigen einer Frau in dieser Rolle würde man dieses stereotype Verhalten fördern. Und wir wissen ja alle: Das muss verhindert werden!

Denken Sie nur an meine kleine Achtjährige. Wie soll sie jemals von der schiefen Bahn runterkommen, wenn sie nicht nur zu Hause, sondern auch noch im Fernsehen und in Zeitungen sieht, dass es normal ist, dass Frauen als Hausfrauen und Mütter leben?

Neu war bei diesem Antrag eigentlich nur, dass die Politik ernsthaft erwog, in die Freiheit der Presse einzugreifen, wie sie worüber berichten soll. Die Empfehlung reichte so weit, dass man Schulungen für Journalisten empfahl, wie man eine Frau gendersensibel medial darstellt.

Der Antrag wurde einst im Europarat abgeschmettert, es erschien dann wohl doch der Mehrheit leicht absurd. Faktisch findet die Kontrolle der Darstellung der Frau im öffentlichen Raum heute auf ganz anderen Wegen statt.

Man braucht heutzutage weder EU-Richtlinien noch Gesetze, der öffentliche Pranger funktioniert im digitalen Zeitalter über organisierte Empörungswellen im Netz. Und dort wacht bereits im vorpolitischen Raum eine hysterische netzaktive Sittenpolizei selbsternannter Frauenrechtlerinnen, die jedes Mal wie auf Knopfdruck in digitale Aufschreie verfallen, wenn in einer Anzeigenkampagne, auf einem Werbeplakat, in einem Schulbuch oder auf einem Ministeriumsflyer eine Frau bei der Hausarbeit, auf dem Spielplatz, beim Kochen oder bei sonstigen Tätigkeiten gezeigt wird, die irgendwie mit dem Dasein einer sich kümmernden Mutter zu tun haben. Oder mit typisch weiblichem Verhalten anderer Art. Schuhe kaufen zum Beispiel.

Das Bundesverteidigungsministerium ließ vor zwei Jahren eine fertige Kampagne wieder unter den Tisch fallen, mit der man Frauen für die Bundeswehr begeistern wollte. Die Sexismus-Polizei hatte sich empört, weil Frauen unter anderem bei Dingen gezeigt wurden, die ganz unerhört zu sein schienen: beim Schuhekaufen. Mon Dieu! Oder beim Befüllen einer Waschmaschine. Klischee! Rollenstereotyp!

Ganz neu zudem im Repertoire feministischer Befreiungsrhetorik: Sexismus! Sexismus geht immer. Eine Frau im Bikini? Sexismus. Eine Frau bei der Hausarbeit? Skandalös! Kleine Mädchen in pinken Klamotten? Nahe an der Ohnmachtsgrenze.

Neu ist allerdings auch, dass nicht nur Frauen in unerwünschten Lebenssituationen oder bei unerwünschten Tätigkeiten, sondern auch noch Frauen mit unerwünschtem Aussehen mit auf den Index geraten sind. Unerwünscht ist ein Aussehen offensichtlich dann, wenn Frau gut aussieht und dies zeigt.

Einer Frau zu sagen, dass sie gut aussieht, gilt ja spätestens seit der Sexismus-Debatte um den ehemaligen Wirtschaftsminister Rainer Brüderle als No-Go, und Mann sollte sich wirklich gut überlegen, welcher Frau er noch unbeschadet mitteilt, dass er sie optisch irgendwie lecker findet.

Das neue Mantra besagt nämlich nach Femi-Logik: Die Schönheit einer Frau in den Vordergrund zu rücken, stelle ja automatisch ihren überragenden Intellekt in den Hintergrund.

Es gibt sogar schon einen Fachbegriff für dieses skandalöse Verhalten: «Lookism». Wieder mal ein Ismus. Gewöhnen Sie sich dran. Und da nun wirklich alle wissen, dass Frau unfassbar klug ist – immer und jederzeit –, gilt es als Affront, auf Schönheit als typisches Merkmal von Weiblichkeit hinzuweisen. Schluss mit dem «schönen Geschlecht».

Raus aus Schulbüchern, raus aus der Werbung. Es ist nur noch eine Frage der Zeit, bis wir nur noch möglichst unattraktive Frauen in hochgeschlossenen Kleidern zu sehen bekommen. Das kommt auch den Herren Muslimen im Land entgegen, die schon immer darauf hinweisen, dass es besser sei, die Schönheit der Frau zu verhüllen.

Welch herrliche Allianz sich der moderne Feminismus da an den Hals gebunden hat. Man könnte darüber lachen, würde einem Selbiges nicht im Hals stecken bleiben.

Im gleichen Tempo, in dem man die normale Frau, die Mutter und vor allem die Hausfrau verhüllt und aus der Öffentlichkeit verdrängt, wird mit atemloser Energie die Sichtbarkeit auch noch der kleinsten sexuellen Minderheit in der öffentlichen Wahrnehmung offensiv vorangetrieben.

Auch dieses Konzept hat längst unter den betroffenen Lobbygruppen einen strategischen Namen: «Visibility».

Sichtbarkeit. Es ist eine weltweit verfolgte Strategie der Gender-Lobby, Diversity, also Vielfalt, in den öffentlichen Raum zu bringen. Weg mit den Muttis, her mit der neuen Transweiblichkeit.

Während die Darstellung von Müttern auf Plakaten also einen Affront darstellt, ist die gefühlte Weiblichkeit einer Conchita Wurst gehypte Modernität. Keine Staffel von Heidi Klums «Germanys Next Topmodel» kommt neuerdings ohne Transfrauen, also weiblich empfindende Männer, auf dem Laufsteg aus. Die neue Weiblichkeit hat einen männlichen Unterboden. Wir lassen sie uns gerade wegnehmen und feiern es auch noch.

Die Stadt München warb vor einem Jahr mit einem Plakat für die städtische Familienkarte im öffentlichen Nahverkehr, auf dem nicht mehr das drauf war, was man gerade in Bayern vermuten sollte: Vater, Mutter, Kind. Sondern stattdessen eine Ansammlung von lesbischen Muttis und schwulen Papis inklusive Kindern. Merke: Mutterschaft ist dann doch okay, wenn sie wenigstens lesbisch unterfüttert oder schwul überlagert ist.

Politisch steht die Forderung im Raum, in den Schulbüchern ebenfalls auf die Darstellung klassischer Familien und um Himmels willen auf die Darstellung von Hausfrauen zu verzichten. Stattdessen implementieren wir gerade in einem Bundesland nach dem anderen die «Visibility» der neuen «Vielfalt der Geschlechter» und ihrer Lebensformen und Sexualpraktiken in die Schulbücher unserer Kinder. Während man gleichzeitig an der Unsichtbarkeit der Mutter und Hausfrau arbeitet.

Glaubt wirklich noch irgendjemand an Zufall?

Wir haben es bei der Darstellung von Frau und Familie schon lange mit einer Diskrepanz zwischen gelebter und veröffentlichter Realität zu tun, die dem Anspruch einer neutralen Berichterstattung gerade in den Medien seit geraumer Zeit nicht mehr genügt. Auch dort sind leider zu viele damit beschäftigt, über ihre Wunschwelt statt über ihre Nachbarschaft zu berichten.

Vor einigen Jahren machte das Sozialministerium in Österreich eine Umfrage über die Lebenswünsche junger Leute. Die Ergebnisse ließen die Feminismus-Front in Österreich verstört zurück, denn über die Hälfte der jungen Frauen hatten die Antwort gegeben, dass sie gar kein Problem damit hätten, als Hausfrau und Mutter zu leben, wenn der Mann genug verdiene. Hundert Jahre Emanzipation, und dann das.

Als das österreichische Magazin «Profil» sich dann mit diesem Typus Frau beschäftigte, war klar, wie es bebildert werden muss: mit einer gezeichneten Szene, einem Werbebildchen aus den Fünfzigern. Demnächst wird man uns vermutlich von Hand in Steintafeln ritzen. Den Namen, den man diesen Frauen, über die man berichtete, verpasst hatte: Retro-Weibchen. Die aus dem Dino-Zeitalter. Oder zumindest so alt wie das Sofa von Oma.

Es verwundert dann eigentlich nicht mehr, dass keine der zitierten Hausfrauen und Mütter in dem Bericht namentlich genannt werden wollte. Aus Imagegründen. Sie wollten nicht öffentlich als Hausfrau dastehen. Wie steht man dann auch da?

Diese Frauen sind nicht von Männern zu Retro-Weibchen degradiert worden, sondern von anderen Frauen. Es schreiben ja in der Regel in diesem Ressort in den Medien die einen Frauen über die anderen – und die sind untereinander nicht zimperlich. Entsprechend prallen nicht selten Lebenswelten aufeinander.

Und so kennt die Berichterstattung über selbsterziehende Mütter keine Normalität, sondern nur die Extreme. In der deutschen Medienlandschaft dominiert das ganz Unten und das ganz Oben.

Auf der einen Seite das Luxusweibchen, das im Bioladen einkauft und den SUV gerne quer auf der Straße parkt. Der Typus Frau, den Bascha Mika in ihrem Buch *Die Feigheit der Frauen*[10] so liebevoll als «Latte-Macchiato-Mütter» bezeichnete. Diejenigen also, die nicht weit vom Nutten-Status entfernt sind, schließlich trinken sie den ganzen Tag nur Cappuccino auf Kosten ihrer Männer, haben nichts zu tun und blockieren im Prenzlauer Berg mit ihren Kinderwagen die Cafés. Dass sie nicht berufstätig sind, hängt mit ihrer Faulheit zusammen, endlich Verantwortung für ihr eigenes Leben zu übernehmen. Stattdessen ergeben sie sich ihren Hormonen und bleiben im bequemen Windschatten ihrer Männer, die sie aushalten.

Ausnahmen bilden hier nur die Angelina-Jolie-Mütter, deren größte Sorge die Frage ist, wo man am besten zuverlässige Nannys herbekommt und günstige Ringelpullis von Petit Bateau, und die sich der extrem wichtigen Frage widmen: Wie schnell sieht man nach der Schwangerschaft nicht mehr so aus, als hätte man mal ein Kind geboren? Rank und schlank schon drei Wochen nach der Geburt. Am besten auch gleich wieder auf Sendung. Toll. Die dürfen das, weil sie ihren Luxus wenigstens selbst verdienen.

Wenn es nicht offen beleidigend ist, was man über diese Frauen schreibt, dann kommt es zumindest mit der Attitüde: Das sind diese exotischen Bio-Mütter, die noch Pastinaken selbst einkochen, nur pädagogisch wertvolles Holzspielzeug zulassen, ihren Kindern Fernsehen verweigern, sie mit Bionade quälen und zum Filzen und Batiken zwingen. Also die Akademiker-Mutti mit höheren Ambitionen für ihr Kind.

Werden die Kinder größer, wechseln diese Muttis in den Helikopter-Modus und überwachen lückenlos die angestrebte Karriere ihrer Kinder und nerven nicht nur ihre Brut, sondern auch deren Lehrer und Schuldirektoren mit Besserwisserei.

Im vergangenen Jahr wagte sich das Magazin «Der Spiegel» an einen Hausfrauen-Bericht.[II] Man ging dort der Sache nach, was das denn für Frauen seien, die so exotische Dinge tun wie Kinder noch selbst großziehen. Und warum überhaupt? Offensichtlich bewusst hatte man keinen Querschnitt der Bevölkerung portraitiert, sondern nur gut situiertes Bürgertum. Die Akademiker-Mama, die sich das leisten kann, weil ihr Mann genug verdient. Was man uns damit sagen wollte?

Es ist nichts für normale Frauen, die haben natürlich andere Sorgen, aber wenn diese Damen eben meinen, sie müssen, dann dürfen sie. Zumindest sind sie ja nicht blöde, schaden also ihren Kindern deswegen nicht, vergeuden allerhöchstens ihr eigenes Potenzial. Der gesamte Bericht ist durchzogen von offenem Unverständnis und ausdauerndem Beleidigen dieser Frauen. Damit hat er zumindest eines: Er ist grandioses Anschauungsmaterial über den ganz normalen Zickenalarm unter Frauen.

Da ist die Rede vom Tausch «Karriere gegen Kittelschürze». Keine der Portraitierten trägt eine Kittelschürze. Ich glaube, keine einzige Mutter in ganz Deutschland tut das, zumindest kenn ich keine. Aber so eine herrliche Alliteration kann man ja nicht auslassen. Da sei der «rote Teppich» für die Frau in der Wirtschaft ausgerollt, doch sie «verlegt lieber Parkett im Eigenheim». Ich breche gleich in mein Essen.

Die Hausfrau. «Sie ist wieder da», so der Titel des Machwerks, fast wie der gleichlautende Bestseller zur fiktiven Rückkehr von Adolf Hitler formuliert. Da zwinkert aber jemand beim Schreiben ganz doll mit dem einen Auge.

Ein «totgeglaubtes Lebensmodell», das jetzt als Backlash zurückkehrt und die Errungenschaften der Emanzipation bedroht.

Selbstredend darf nicht die Expertin fehlen, die man mit aberwitzigen Berechnungen zitieren kann, wie jede Hausfrau uns allen angeblich auf der Tasche liegt, und am Schluss noch der feministische Vater, der partnerschaftlich mit seiner Frau lebt und uns Muttis noch mal erklärt, dass Feminismus eben nicht bedeutet, dass wir uns in die Spielecke zurückziehen. Wirklich gut, dass wir auch hier noch ein paar Männer haben, die uns unser weibliches Versagen noch mal für Doofe erklären.

Doch nicht nur «Der Spiegel», selbst Zeitschriften wie «Eltern» schaffen es, Berichte über Mütter, die selbst erziehen, als exotisches Lebensmodell zu präsentieren. Man fragt sich: Wissen die eigentlich, wer sie liest? Sind das nicht vor allem selbsterziehende Eltern?

Und wieder ist es eine Frau, die wundersam recherchiert zum Thema: Es gäbe doch tatsächlich Familien, die sich bewusst gegen die Betreuung ihrer Kinder im Kindergarten entscheiden. «Was sind das für Leute?» Das hat fast schon einen Gruselfaktor. Der Bericht sagt vermutlich ganz unfreiwillig mehr über die Vorurteile der Autorin, als dieser selbst bewusst ist. Und prompt kommt er, der Klassiker: «Fällt dir denn hier nie die Decke auf den Kopf?» Man könnte schreien vor Lachen. Und sie stellt verwundert fest, diese

Mutter sei gar nicht «genervt» von ihrem Alltag, sondern sogar entspannt.

Man kann die geduldig antwortenden Mütter und Väter in diesem Bericht nur bewundern für ihre stoische Freundlichkeit angesichts solcher Ahnungslosigkeit. Erst kürzlich schaffte es das Thema «Ich bleibe erst mal bei meinem Kind. Was ist falsch daran?» sogar auf den Titel bei «Eltern». Nichts!, möchte man rufen. Außer, dass ein Magazin wie dieses das als Frage formuliert, anstatt der eigenen Leserschaft gerecht zu werden, die in der Mehrheit tatsächlich bei ihren Kindern ist.

Doch wir können medial natürlich auch anders. Die Super-Mutti mit vergeudetem akademischem Potenzial ist nur die eine Seite, auf der anderen ist das Prekariats-Mutti-Modell[12] in der deutschen Medienlandschaft durchaus sehr beliebt. Auf der kann man auch viel besser rumhacken, sie ist wehrloser. Ganze TV-Konzepte wie «Frauentausch», «Familie XXL», «Super Nanny» und andere Erziehungsratgeber-Modelle leben vom schön schaurigen Voyeurismus der Zuschauer, die sich zeigen lassen: Die können es nicht. Zickig, überfordert, erziehungsunfähig, ungebildet, verarmt.

Besonders beliebt vor der Kamera: die tätowierte Mutter mit vielen Kindern von noch mehr Männern. Oder auch ein Klassiker: die überforderte Alleinerziehende, die schon als Teenager schwanger wurde. Werden Großfamilien gezeigt, dann nur im Chaos. Mehr als die statistischen 1,38 Kinder müssen ja auch im Chaos enden, wo sonst? Die normale Mutter, die ihre Kinder nach bestem Wissen und Gewissen erzieht, auch mal Fehler macht, aber eigentlich wunderbar Mutter ist, ist schlicht und ergreifend nicht präsent.

Merke am Schluss: Bist du als Mutter gebildet, vergeudest du dein Potenzial und solltest auf keinen Fall Kinder erziehen, denn das ist unter deiner Würde. Bist du als Mutter hingegen ungebildet, solltest du erst recht nicht Kinder erziehen, denn du vergeudest das Potenzial deiner Kinder, die dir unter der Hand verblöden. Die Klugen sollen also keine Kinder erziehen, die Doofen auch nicht. Wer soll es denn dann richtig machen?

Und genau hier betritt Vater Staat die Bühne.

Kapitel 7

Der Staat, dein Feind und Ausbeuter

Ich dürfe ja durchaus zu Hause bleiben und meine Kinder großziehen, es verbiete mir das doch niemand. So formulierte es sinngemäß die damalige NRW-Ministerpräsidentin Hannelore Kraft mir gegenüber in einer Fernseh-Diskussion. Und tatsächlich ist es noch nicht verboten, was wir als Mütter tun. Wie schön. Da können wir doch jetzt mal entspannt aufatmen.

Gleichzeitig ist es aber nur noch eine Frage der Zeit, wann diese fahrlässige Tätigkeit – nennen wir es «Kinder erziehen, gegenwärtig sein und einen Ort entstehen lassen, den man Zuhause nennt» – endlich aus der Welt geschafft wird. Einige arbeiten hart daran.

Sozialismus und Kapitalismus machen in dieser Angelegenheit sogar gemeinsame Sache. In dem Bestreben, Mütter aus dem Haus und in die Produktion zu drängen, bedient man sich dabei der Strategie der Diffamierung. Was sich bei den Feministinnen bewährt hat, wird auch von politischen Kräften gern genutzt. Verpackt wird es allerdings hübscher: Man nennt es «partnerschaftliches Zusammenleben», «Vereinbarkeit von Familie und Beruf» oder auch «Familienzeit».

Sehen Sie auch schon die Rosenblätter im Hintergrund durchs Bild fallen? Dann und wann weicht die schöne Verpackung allerdings auf, und es bricht die eigentliche Gesinnung durch. Dann bekommen wir es auch schwarz auf weiß und ungefiltert. Man sagt uns, was wir als Mütter für Versagerinnen sind. Frauen, die ihr Karrierepotenzial wegwerfen und das ihrer Kinder gleich mit.

Aber selbst das zieht eben nicht bei allen. Es gibt tatsächlich immer noch Mütter, die dennoch renitente Fremdbetreuungsverweigerinnen bleiben, selbst wenn man sie öffentlich beleidigt. Darum werden die Daumenschrauben sanft, aber effektiv und mit dem ultimativen Mittel angesetzt, das der Regierung zur Verfügung steht: Man dreht am Geldhahn. Man trocknet gerade Mütter finanziell aus.

Die Strategie ist so einfach wie wirksam: Mach das Leben als Hausfrau und Mutter zu einem finanziellen Risiko, und schon finden sich immer mehr Frauen, die dem «freiwillig» fernbleiben. Frauen sind nicht bescheuert, und sie können auch nach der Geburt eines Kindes noch rechnen. Durch die realpolitischen Eingriffe der letzten Jahrzehnte rechnet sich das Großziehen von Kindern immer weniger.

Kinder großzuziehen und auf ein eigenes Einkommen zu verzichten, hat finanziell betrachtet durchaus das Zeug zum Desaster. Es wird im Fall einer Scheidung zum Versorgungs-Risiko und im Alter zur Renten-Lücke. Lenk die Geldströme, und du lenkst die Menschen.

Und so wird dieser Satz von Hannelore Kraft, dass ich doch zu Hause bei meinen Kindern bleiben dürfe, zu übelstem Zynismus, denn auch die Ex-Landesmutter will mich natürlich nicht dabei unterstützen, sie will es mir bloß nicht verbieten. Vermutlich weil ihr jemand gesagt hat, dass sie das auch gesetzlich gar nicht kann. Jedenfalls noch nicht.

Der politische Ideenpool scheint nahezu unendlich, wenn es darum geht, Frauen vom Kinderkriegen abzuhalten. Oder zumindest vom Selbsterziehen, wenn die Blagen dann doch da sind, und irgendwie brauchen wir sie ja auch, um unseren ökonomischen Wohlstand und vor allem die sozialen Sicherungssysteme weiter zu beatmen.

Und so wird munter gewarnt vor den Risiken und Nebenwirkungen des Mutterdaseins, es wird beleidigt und diffamiert. Nur eines wird unterlassen: das Unterstützen der Mutter.

Die politischen Schlagworte der Mütterdiffamierung sind inzwischen Allgemeingut geworden. Da ist zum einen die Mutter als Dummchen am Herd, die nichts aus ihrem Leben macht. Gerne wird diese Denkfigur benutzt von den feministischen Schwestern, von Gender-Lehrstühlen und Frauenräten, kurzum: von einer Zunft, die man mit Hilfe staatlicher Gelder seit Jahren künstlich beatmet.

Exemplarisch durchexerziert wurde das Dummchen am Herd einst in der Betreuungsgeld-Debatte. Kein Argument zu blöde, kein Niveau zu tief. Eine «Herdpämie» sollte da ausgezahlt werden, dafür, dass Frauen hinter demselben versauern; die damalige Frauenministerin Ursula von der Leyen führte den Begriff ins politische Repertoire ein. «Wenn die das darf, dürfen wir auch», werden sich damals alle gedacht haben.

Es folgte die Rede vom «Schnapsgeld», weil wir ja das Geld unserer Kinder vermutlich eh nur versaufen. Man warnte davor, das Geld könnte in Flachbildschirme und Spielkonsolen fürs Kinderzimmer investiert werden.

Danach – auch ein Klassiker – wurde die Mutter als Gefährdungspotenzial für ihr eigenes Kind entdeckt, weil sie es falsch, zu viel oder zu wenig fördert. Betreuungsgeld wurde damit für die renommierte Bertelsmann-Stiftung wörtlich zur «Verdummungsprämie». Offensichtlich ging man davon aus, dass Mütter zu Hause verblöden und ihre Kinder dann gleich mit. Man schämt sich bis heute nicht für diese Entgleisung im Hause Bertelsmann. Stattdessen wird litaneiartig mit allerlei wissenschaftlich anmutenden «Studien», oder sagen wir besser: mit Wahrsagungen, argumentiert.

Einer dieser herrlichen Kalauer der Bertelsmänner lautet, dass Kinder, die früh in Fremdbetreuung kommen, viel bessere Schulabschlüsse bekämen. Großartig. Am besten in Zukunft ohne Umweg direkt vom Kreißsaal in die Kita. Eltern, die das nicht wollen, machen sich natürlich verdächtig. Die wollen sicher nur die «Fernhalteprämie» kassieren und einfach so die Zukunft der eigenen Kinder aufs Spiel setzen, indem sie ihnen die wertvolle «frühkindliche Bildung» vorenthalten und stattdessen die eigenen Kinder von der Kita «fernhalten» und selbst erziehen.

Es drohe – so sagte man damals – nicht weniger als die «bildungspolitische Katastrophe für Deutschland», wenn Eltern bei der Erziehung ihrer Kinder finanziell unterstützt werden. Gut, dass man diese lächerlichen 150 Euro, die man damals einführte, wieder abgeschafft hat, sonst wären wir im internationalen Vergleich heute bestimmt schon intellektuell abgehängt.

Herrlich auch die Warnung an Mütter, sie würden ja auf dem Arbeitsmarkt nicht mehr mithalten können, wenn sie sich mal für drei Jahre wegen des Kindes aus dem Berufsleben verabschieden. Wir sind dann einfach nicht mehr zu gebrauchen, Mädels. Haben alles vergessen, was wir vorher jahrelang studiert haben. Nichts behalten, was wir an Berufserfahrung bereits angesammelt hatten.

Eine Mutter mit Kind ist offenbar kaum mehr vermittelbar, ihre Gehirnzellen fallen links und rechts vom Wickeltisch, sie leidet an Amnesie und muss, sobald ihr Kind laufen kann, von diesem über die Straße begleitet werden. Und das, obwohl wir doch händeringend nach Fachkräften suchen.

Die Ansage ist klar: Wag es nicht, länger als ein Jahr auszuscheren, sonst kannst du vergessen, wofür du die letzten Jahre hart gearbeitet hast.

Nicht nur, dass dies eine Beleidigung des Intellekts jeder

einzelnen Frau ist. Angesichts der aktuellen politischen Herausforderungen in der Flüchtlingspolitik kommt bei dieser Argumentation gleich noch mal ein Lachnummern-Faktor dazu.

Erstaunlicherweise gilt nämlich seit zwei Jahren wiederum jede ausländische Arbeitskraft, die nicht einmal der deutschen Sprache mächtig ist und nur ein Smartphone und einen dubiosen Universitätsabschluss von einer Bildungseinrichtung mit unaussprechlichem Namen besitzt, immer noch als integrierbar in den deutschen Arbeitsmarkt. Die deutschsprachige Mutter mit Uniabschluss in Deutschland ist nach drei Jahren raus aus dem Spiel. Der zugewanderte Migrant ohne Deutschkenntnis und Berufsausbildung wird aber dringend gebraucht.

Es hinterlässt einen atemlos. Selten wurde die Motivationslage hinter dem Scheinargument so offen sichtbar wie hier.

Auch gern genommen als weitere böse Metapher: die Mutter als die faule Made im Speck. Ein Weibchen, das uns allen auf der Tasche liegt, weil sie gar nichts tut. Also der Nutten-Faktor gesamtgesellschaftlich hochgerechnet. Meine Güte, was das alles kostet in der Krankenversicherung und erst im Ehegattensplitting.

Am besten gefiel mir die zitierte Finanzberaterin Helma Sick aus dem «Spiegel»-Hausfrauen-Artikel, die ausgerechnet haben will, dass jede einzelne Hausfrau den Staat im Laufe ihres Lebens fast eine halbe Million kostet, wenn man alle Splittingvorteile bis hin zu entgangenen Sozialversicherungsbeiträgen und die Witwenrente einrechnet, nur «weil sie lieber ihr Kind betreut, statt arbeiten zu gehen».

Genau, was für ein faules Stück! Geld, das aus Steuermitteln gestellt würde, das auch «arbeitende Frauen» erwirtschaftet hätten. Man möchte schon wieder ins Essen brechen angesichts dieser Ansammlung böswilliger Unwahrheiten, die sich im politischen Jargon aber prächtig machen, um Mütter zu diskreditieren.

Auch der «Spiegel» hinterfragte damals nicht diese, sagen wir mal: diffus kreative Berechnung. Passte doch wieder einmal gut in das Bild, das man haben wollte. Wäre man nun böswillig, könnte man ja stattdessen mal die Gegenfrage stellen: Was kostet uns das eigentlich alles, dass Eltern ihre Erziehungsverantwortung nicht wahrnehmen, die sie doch haben?

Schließlich ist es doch laut Artikel 6 Grundgesetz nicht nur das Recht, sondern auch «zuvörderst ihnen obliegende Pflicht» der Eltern, ihre Kinder zu erziehen. Da steht nichts davon, dass Eltern ein Recht darauf hätten, dass die Gesellschaft mit viel Steuergeld die Aufsicht ihrer Kinder zu bezahlen habe, während sie selbst an ihrer Karriere arbeiten. Im Gegenteil. In Absatz 4 steht: Jede Mutter hat Anspruch auf den Schutz und die Fürsorge der Gemeinschaft.

Finanzieren wir also mit Kita-Subventionen nicht auch

noch die Pflichtverletzung von Eltern? Könnte man, wie gesagt, mal fragen.

Ein ähnlich absurdes Paradox findet sich übrigens im direkten Vergleich zwischen Müttern und Vätern und deren Beurteilung im öffentlichen Diskurs. Die Kindserzeuger können für von ihnen gelebtes «Hausfrauentum» gesellschaftlich auf deutlich mehr Lametta hoffen, gilt es doch als modern, wenn der Vater häusliche Pflichten übernimmt, um der Kindsmutter höhere Weihen auf dem Arbeitsmarkt zu ermöglichen.

Hält eine Frau hingegen dem Mann den Rücken frei, damit er seine Karriere vorantreiben kann, ist sie auf Prostitutionsstatus angekommen, weil sie sich ja bekanntlich aushalten lässt. Kocht eine Mutter Essen für ihre Kinder, versauert sie hinter dem Herd. Kocht ein Vater Essen für seine Kinder, heißt es: Sieh an, einer dieser neuen Väter, von denen man so viel liest.

Windelnwechseln und Essenkochen werden aus männlicher Hand zu einem hohepriesterlichen Akt. Schließlich macht er es mit der richtigen Motivation, denn er arbeitet an der gendersensiblen, partnerschaftlich vereinbarten Zukunft von Mann und Frau, während Frau am Herd nur dazu beiträgt, patriarchale Strukturen aus prähistorischen Zeiten zu verfestigen, anstatt schwesterlich am emanzipatorischen Aufbruch von Mann, Kind und Herd mitzuwirken.

Ich hatte einmal das Vergnügen mit so einem Jungdynamiker-Vater in einer TV-Sendung. Die kinderlose Moderatorin überschlug sich fast vor Überschwang angesichts dieses Prachtexemplars gelebter Partnerschaftlichkeit, das so hingebungsvoll seine Vätermonate genommen hatte, um zu demonstrieren, wie moderne Ehe heute geht. Um die Sache zu krönen, hatte er noch während der Elternzeit ein ziegelsteindickes Buch über seine Erfahrungen pünktlich fertiggestellt.

Einfach toll. Ein Tausendsassa. Wie hat er das nur geschafft, gleichzeitig ein Neugeborenes zu versorgen und tausend Seiten in die Tasten zu hauen? «Hier, Schatz, nimm du mal die Kleine, ich muss schreiben.»

Das eingeführte Elterngeld, das man uns als Errungenschaft verkaufte, stellt Mütter allgemein schlechter als Väter. Männer beziehen im Schnitt 1140 Euro Elterngeld und Frauen mit 701 Euro nur gut 60 Prozent davon. Warum? Weil man es als Lohnersatzleistung konzipiert hat und nicht einfach jeder Elternteil gleich viel Geld erhält für die gleiche Tätigkeit, nämlich das Großziehen eines Kindes in den ersten zwölf bzw. vierzehn Monaten seines Lebens. Stattdessen berechnen wir den Anspruch an der Höhe des Gehaltes, das man vorher bekam. Wer vorher gut verdiente, bekommt bis heute mehr Elterngeld – und das sind die Männer. Glückwunsch auch hier an das Emanzipationsministerium.

Es stört die Damen Feministinnen nicht einmal, die sonst bei jedem Lohnunterschied zwischen Mann und Frau sofort in Schnappatmung verfallen. Niemand regt sich auf, denn man wollte ja zwei Dinge erreichen: erstens, dass auch Väter in Elternzeit gehen. Das muss man sich schon was kosten lassen, die Herren sind ja nicht so blöd, das für den Sockelbetrag von dreihundert Euro monatlich zu machen. Und zweitens wollte man den gut gebildeten Frauen mit bereits gutem Job einen Anreiz bieten, dann doch ein Kind zu bekommen. Die normale, die durchschnittliche Mutter interessiert wie üblich nicht; sie protestiert aber auch nicht.

Karriere-Knick, Renten-Knick, Figur-Knick, Emanzipations-Knick, Versorgungs-Knick. Kinderkriegen ist eine hochgefährliche Kiste. Irgendwann wird es eine Versicherung geben, die uns gegen das Risiko einer Schwangerschaft absichert. Damit ist man dann ganz bestimmt auch in der «EMMA»-Redaktion zufrieden.

Dort las ich gerade erst im aktuellen Heft wissenschaftliche Erkenntnisse, wonach bei einer Schwangerschaft das Gehirn schrumpft. Und ich hab schon vier hinter mir! Da ist sicher Gefahr im Verzug.

Zumal wir Frauen dadurch nicht nur vergesslich würden, sondern vor allem auch der Bereich der sozialen Fähigkeiten dauerhaft zurückgebildet werde. Ja, wirklich, eine Frau, die Kinder bekommt, verliere ausgerechnet dadurch an Sozialkompetenz. Erklärt natürlich auch all die rabiaten Wut-Muttis wie mich. Das war schon wieder so eine herrliche «Studie», die mit ganzen 25 Frauen diese Großerkenntnis zutage brachte.

Getoppt wurde das Ganze nur noch durch die Kommentierung der offenbar echt entsetzten Autorin.[13] Sie war «schockiert», dass die Wissenschaftler diese besorgniserregenden Ergebnisse gar nicht so besorgniserregend fanden und einfach mal feststellten, das weibliche Gehirn durchlaufe während einer Schwangerschaft offenbar eine «Reifung und Spezialisierung, das dem sozialen Denken dient».

Bingo. Das Gehirn schrumpft also gar nicht, wie im Vorspann dramatisch formuliert, es verlagert seine Prioritäten. Für die Redakteurin waren das hingegen «bislang übersehene neurologische Risiken». Bei künftigen Vorsorgeuntersuchungen müsse man unbedingt genauer auf das «Denkorgan» werdender Mütter «aufpassen».

So was muss man schwarz auf weiß lesen, man glaubt es sonst nicht. Die Wissenschaftler würden gar nicht «nach dem Preis fragen», den eine Schwangere hier zahlt. Sie bedauerte sehr, dass diese erste «pionierhafte Untersuchung des Schwangeren-Gehirns ideologisch so zurückfällt». Ja, schon schlimm, wenn die Fakten nicht zur eigenen Ideologie passen, aber daran sollte die Szene eigentlich schon lange gewöhnt sein.

Der Frau, die sich trotz drohenden Gehirnverlusts oder gerade deswegen immer noch traut, Kinder zu kriegen, ist dann wahrlich nur noch mit einem beizukommen: Man trocknet sie finanziell derart aus, dass ihr keine Wahl bleibt, als die Kinder früh wegzugeben und wieder am Arbeitsplatz anzutreten. Kinderkriegen und selbst Großziehen ist also auf dem besten Weg, ein Luxusgut zu werden, das man sich erst mal leisten können muss.

Argumentativ kann man es durchaus als angewandte Heuchelei bezeichnen, was die Politik uns Müttern verbal anbietet. Während ich schreibe, streift gerade der Muttertag an mir vorbei. Großkampftag auch in der Politik. Da werden Loblieder auf die Mutti gesungen. Das Familienministerium meines Vertrauens lässt mich via Twitter wissen, dass ich wie alle Mütter jeden Tag «Großes» leisten würde.

Ja, danke fürs Gespräch, das weiß ich selbst, dafür brauch ich keinen Tweet, sondern nur die Gesichter meiner Kinder über das ganze Jahr, die sagen mehr aus, und sie sind im Übrigen die einzig relevante Instanz zur Beurteilung dieser Frage. Es ist Heuchelei, was wir da vernehmen, denn auch die amtierende Frauenministerin hat nicht vor, sich um Mütter wie mich zu kümmern, sie ist schließlich auch zu sehr damit beschäftigt, mir mein Leben schwerzumachen. Nun gut, ich verstehe, man kann ja auch nicht alles gleichzeitig tun.

Früher dachte ich immer, wir hätten es bei diesem Ministerium, das Alt-Bundeskanzler Gerhard Schröder so herzig als «Ministerium für Frauen und Gedöns» bezeichnet hatte und dafür mächtig Prügel bezog, in Wahrheit einfach nur mit einem «Ministerium für alles außer Männer» zu tun. Kennt einer den vollen Namen dieses Ladens korrekt? Bitteschön:

«Bundesministerium für Familie, Senioren, Frauen und Jugend». Fehlen nur noch Haustiere. Inzwischen ist klar, dass man sich dort nicht für Männer interessiert, obwohl diese doch fünfzig Prozent zumindest von Familie, Senioren und Jugend ausmachen, man interessiert sich aber auch nicht für die Mutter, sondern einzig und allein für die berufstätige Frau. Die darf dann auch Mutter sein, aber bitte nur dann.

Stellt man diese These voran, folgt die komplette sogenannte Familien- und Frauenpolitik einer stringenten inneren Logik und macht plötzlich Sinn. Natürlich macht sie keinen Sinn als Familienpolitik, das ist sie ja auch gar nicht. Sondern stattdessen das, was man so blumig hinter Slogans und Wohlfühlsprechblasen versteckt: ideologisch geprägte Wirtschafts- und Arbeitsmarktpolitik.

Lassen wir also das Heucheln und sehen den Tatsachen ins Auge: Man wollte uns als Frauen nie befreien, sondern nur in ein neues Leben führen. Man braucht auch die weiblichen Arbeitsbienchen auf dem Arbeitsmarkt. Die Feministinnen wollen das aus ideologischen Gründen, die Politik aus steuerlichen Gründen und zum Systemerhalt, und die Wirtschaft will uns dort, weil wir nicht nur gut ausgebildet, sondern auch noch billig sind. Willkommen in der Realität.

Die Familienministerin zeigte übrigens vor einer Weile öffentlich tiefes Verständnis für all die Mütter, die gerne länger als ein Jahr bei ihren Kindern sein wollen. Versäumte aber nicht hinzuzufügen, dass sie diese Mütter aber natürlich vor den Risiken dieses Verhaltens warnen müsse. Sie hatte nicht vor, diesen Müttern zu helfen oder gar die Risiken beiseitezuschaffen, obwohl sie doch zumindest auf dem Papier nicht nur Ministerin für berufstätige Frauen, sondern für alle Frauen ist.

In der Realität bekommen wir als selbsterziehende Mütter aber nur ein «*Selbst schuld, Mädchen!*» hingeschleudert. *Soll mal keiner sagen, ich hätte euch nicht gewarnt, aber ihr wolltet ja nicht hören.*

Und deswegen warnte sie uns zum Beispiel vor dem Versorgungseinbruch nach einer Scheidung, so als sei das neue Unterhaltsrecht, das seit 2008 gilt, irgendwie für die Ewigkeit in Stein gemeißelt wie die Zehn Gebote oder leider als unvermeidliche Naturgewalt über unser Land hereingebrochen. So als sei es Schicksal, dass man heute als erziehende Mutter vor dem finanziellen Aus steht, sollte man vom Göttergatten überraschend verlassen werden.

Es ist ein Gesetz. Wir könnten es ändern, wenn wir wollten. Wollen wir aber gar nicht. Stattdessen frohlockte damals die Initiatorin dieses Anti-Mütter-Gesetzes, die damalige Justizministerin Brigitte Zypries, selbstredend unverheiratet kinderlos, «Einmal Zahnarztgattin, immer Zahnarztgattin» gelte fortan nicht mehr. Gilt aber nicht nur für Zahnarztgattinnen, sondern für alle Frauen. Besten Dank noch nachträglich an die Geschlechtsgenossin und alle ihre Mitstreiterinnen im Namen der Emanzipation und mit besten Grüßen auch an all eure kinderlosen Freundinnen.

Meine Frauenministerin warnte mich damals auch vor der Rentenlücke. *Ja, weißt du denn nicht, Kindchen, dass du in der Rente erst so richtig auf die Nase fällst, wenn du dich nicht bald mal wieder Richtung Arbeitsplatz bewegst?* Noch so ein paar Steintafeln. Noch so eine Naturgewalt. Morgen könnten wir das regeln. Die Anerkennung von Erziehungsleistung als Bonus in der Rente statt als Malus könnte morgen im Bundestag beschlossen werden.

Man könnte damit gleichzeitig ein Urteil des Bundesverfassungsgerichtes aus dem Jahr 1992 umsetzen, in dem unser oberster Gerichtshof geurteilt hat, dass es ungerecht sei, wenn Eltern durch die Erziehung der Rentenzahler von morgen Einbußen in der eigenen Rente hinnehmen müssen. Denn diese Tätigkeit sei ein eigener, generativer Beitrag zum Generationenvertrag.

Das Urteil harrt nun schon 25 Jahre auf Umsetzung. Vielleicht könnte das auch mal jemand der Finanzexpertin Helma Sick erklären. Man will es nicht. Man sagt, es kostet zu viel. Hat eigentlich mal jemand ausgerechnet, was es kostet, wenn wir keine Kinder mehr bekommen?

Es nutzt ja nichts, dass wir alle seit über einem Jahrzehnt von «Mutti» regiert werden, wenn es den Muttis im Land nichts nutzt. Das Unterhaltsrecht wurde einst in großer Koalition der beiden Volksparteien beschlossen. Die große

Krippenoffensive und das gleichzeitige finanzielle Austrocknen der selbsterziehenden Mutter wurde erst unter einer CDU-Familienministerin auf die Spitze getrieben. Applaus gibt es von allen politischen Rängen, egal ob links oder grün.

Man findet derzeit in Deutschland außer der CSU aus Bayern keine Partei im Bundestag, die eine andere Frauenpolitik wünscht.

Stattdessen konstruiert man angebliche Wünsche gerade von Müttern, um die Politik, die man umsetzt, zu rechtfertigen und besser zu «verkaufen». Ich persönlich kenne keine einzige Mutter, die das «Recht auf einen Krippenplatz» für ihr einjähriges Kind eingefordert hätte. Bekommen haben wir dieses «Recht» aber.

Im Umkehrschluss entstand ein neuer Druck, dem sich junge Frauen zunehmend ausgesetzt fühlen: Jetzt hast du das Recht, jetzt nutz gefälligst auch diesen Platz. Wer als Frau nicht nach einem Jahr an den Arbeitsplatz zurückkehren will, obwohl doch die Betreuungsfrage für ihr Kind geklärt sei, gilt heute als unambitioniert.

Vor drei Jahren bereits begann aus dem Nichts die Debatte um ein «Recht auf Rückkehr in Vollzeit», das Frauen angeblich ganz dringend fordern. Irgendwo muss ein ganzes Nest arbeitshungriger Mütter versteckt sein, die auf nichts weiter sehnlicher warten, als ihre Kinder so früh wie möglich und so lange wie möglich irgendjemandem in die Hand drücken zu können, um endlich wieder Vollzeit arbeiten zu können.

Irrerweise haben die gleichen Feministinnen noch vor gar nicht so langer Zeit das «Recht auf Teilzeit» für eben genau dieselben Mütter erstritten, weil man damals noch darauf hörte, was Frauen wirklich wollen. Heute tut man einfach so, als habe sich der Wind gedreht, und fordert das genaue Gegenteil.

Eine objektive Erhebung, die dies rechtfertigt, gibt es nicht, stattdessen höre ich aber ständig Sätze wie: «Was Frauen heute wollen, ist ...» Schaut man sich aber die angeblich wissenschaftlichen Erhebungen an, die das beweisen sollen, entpuppen sich diese durch die Bank als Rohrkrepierer.

Nehmen wir uns mal eine diese Erhebungen exemplarisch vor: Von den Müttern, die länger als sechs Monate ausgestiegen sind, wären zwei Drittel gerne früher oder in größerem Umfang wieder erwerbstätig geworden – so war es 2014 einem Dossier des Familienministeriums zu entnehmen.[14]

Junge Frauen seien häufiger und früher berufstätig. Der Trend gehe zur doppelten Berufstätigkeit beider Eltern.

Ich ging der Sache nach, denn die frohe Botschaft, die uns da verkündet wurde, widersprach sämtlichen Zahlen und Erkenntnissen der vergangenen Jahre.

Noch 2012 hatten sowohl der achte Familienbericht der Bundesregierung[15] als auch der Familienmonitor 2012 des Allensbach-Institutes[16] darauf hingewiesen, dass Familien vor allem eines wollen: mehr Zeit für die Familie, für die Kinder.

Und jetzt, nur zwei Jahre später, wollten angeblich alle ins Büro. In der Pressemitteilung des Familienministeriums hieß es gar: «Vollzeit berufstätige Mütter äußern diesen Wunsch sogar zu 88 Prozent, Teilzeit beschäftigte Mütter zu 78 Prozent.»

Was hatte sich so dramatisch gewandelt in der Zeit, und gab es überhaupt neue Zahlen? Die Antwort ist einfach: nichts und nein.

Faktisch steigt die Zahl der Mütter, die berufstätig sind, allemal, wobei die Details durchaus aufschlussreich sind, denn es steigt vor allem die Zahl der teilzeitbeschäftigten Mütter, und das vor allem deswegen, weil sie nur Teilzeit arbeiten wollen. Laut Statistik ist die Zahl der Erwerbstätigen im ersten Lebensjahr des Kindes sogar stark gesunken nach Einführung des Elterngeldes 2007. Und zwar um über sieben Prozent auf nur noch knapp zehn Prozent. Viele konnten es sich also erstmals leisten, ein ganzes Jahr zu Hause zu bleiben. Mehr Geld in der Tasche, und die Mütter bleiben zu Hause, einfache Rechnung.

Gleichzeitig ist nach 2007 die Zahl der Mütter, die im zweiten Jahr erwerbstätig wurden, stark angestiegen. Kein Wunder, muss man sagen. Für sehr viele Frauen bedeutete die Einführung des Elterngeldes nämlich eine Kürzung ihrer Leistungen um fünfzig Prozent. Früher bekamen sie zwei Jahre lang das Erziehungsgeld, jetzt nur noch ein Jahr Elterngeld. Sie müssen also nach dem ersten Jahr erwerbstätig sein, es geht gar nicht anders. Weniger bares Geld führt also zu einer höheren Erwerbstätigkeit. Ist das freiwillig oder einfach den harten Umständen geschuldet? Wollen sie auf den Arbeitsmarkt, oder müssen sie?

Aber noch mal, woher kamen nun die Zahlen? Immerhin wusste man auch, es hatte vor allem an den fehlenden Betreuungsmöglichkeiten gelegen, dass diese arbeitswilligen Bienchen nicht zurück ins Büro fliegen konnten. In der Studie selbst sind keine neuen Zahlen erhoben, man verweist auf Fußnoten. Dort finden sich auch keine neuen Zahlen seit dem letzten Familienbericht aus 2012.

Für diesen Trend, oder sagen wir mal: diese Hypothese, wird stattdessen u. a. die Studie des WZB (Wissenschaftszentrum Berlin für Sozialforschung) angegeben unter dem Namen «Lebensentwürfe heute. Wie junge Frauen und Männer in Deutschland leben wollen».[17] Das Problem ist nur, auch dort findet sich die Bestätigung dieses Trends nicht, weil es gar nicht der Fragestellung dieser Studie entspricht. Die Befragten der WZB-Studie wären sowieso nicht tauglich, um einen Trend unter Müttern in Deutschland zu dokumentieren, denn fünfzig Prozent der befragten Frauen und achtzig Prozent der Männer in dieser Studie waren noch kinderlos.

Ich weiß nicht, wie es Ihnen geht, aber ich fühle Mütter da nicht repräsentiert, und ich erkenne daraus auch keinen Trend.

Na gut, kann man denken, schauen wir eben in die andere Fußnote, die das beweisen soll, dass zwei Drittel ja gerne viel mehr erwerbstätig wären. Sie führte zum DIW-Wochenbericht mit dem schönen Titel «Bessere Vereinbarkeit von Familie und Beruf durch eine neue Lohnersatzleistung bei Familienarbeitszeit».[18]

Auch hier hat man keine eigenen Zahlen, verweist aber auf eine weitere Umfrage in der Fußnote, die wiederum nur in englischer Sprache zur Verfügung steht. Dafür findet man hier aber die ausführliche Begründung, wie man das beliebte und finanziell offenbar attraktive Lebens-Modell aus Ehegattensplitting, kostenloser Mitversicherung und staatlichen Leistungen zurückfahren und die Einführung einer neuen Lohnersatzleistung für Eltern, die beide 32 Stunden die Woche arbeiten, attraktiver machen kann. Also Manuela Schwesigs sogenanntes «Familienzeit»-Modell. Zitat: «Die Kosten wären kurzfristig moderat. Es ist allerdings denkbar, dass die neue Leistung dazu beiträgt, die sozialen Normen hinsichtlich der Arbeitsteilung innerhalb der Familie zu verändern, und so mehr Eltern ermutigt, diese Arbeitszeitkombination zu wählen.»[19]

Wieso sollte man eigentlich die bestehenden sozialen Normen staatlich verändern? Wen genau stören sie? Man bezieht sich in den Quellen auch hier wieder auf eine Analyse von Allensbach,[20] um zu demonstrieren, dass Mütter mit mehr Betreuung wieder verstärkt berufstätig wären.

Dumm nur, in der Studie findet sich dieser Zusammenhang gar nicht. Es wird nur gefragt, wie wichtig Betreuung für die Berufstätigkeit ist. Dies wird mehrheitlich als wichtige Voraussetzung angesehen. Natürlich, denn ohne Betreuung ist Berufstätigkeit gar nicht möglich. Abfragen von Binsenweisheiten.

Aber wo sind die Willensbekundungen, dass Mütter unbedingt mehr arbeiten *wollen*? Stattdessen findet sich in der zitierten Allensbach-Studie die ganz eindeutige Fragestellung, ob die Eltern mit ihrer Arbeits-Stundenzahl pro Woche zufrieden sind oder lieber mehr oder weniger arbeiten würden. Hier antworten 65 Prozent, sie seien zufrieden, 11 Prozent wollen gar weniger arbeiten, nur 21 Prozent würden gerne mehr Wochenstunden erwerbstätig sein.

Nirgendwo weit und breit zwei Drittel, die früher und mehr erwerbstätig sein wollen, stattdessen sind 76 Prozent zufrieden oder wollen gar weniger erwerbstätig sein.

Ich bin es leid, dass man uns mit solchen Papieren für dumm verkaufen will. Und deswegen zum Abschluss einfach nur das Ergebnis einer gerade erst erschienenen Umfrage. In Auftrag gegeben nicht vom Familienministerium zur Erreichung der richtigen Ergebnisse, sondern vom Meinungsforschungsinstitut Emnid im Auftrag der Zeitschrift «Eltern».[21]

Selten wurde die Diskrepanz zwischen Elternwünschen und dem Scheitern der Familienpolitik deutlicher, denn 87 Prozent sagten, der Druck auf Familien habe eher zugenommen. 60 Prozent, also über die Hälfte der Eltern, fühlen sich in der Entscheidung, wann und in welcher Form sie nach ihrer Elternzeit wieder in den Beruf einsteigen, nicht frei. Nur magere 11 Prozent wollen schon nach zwei Monaten oder einem halben Jahr wieder arbeiten. Mit 51 Prozent findet eine knappe Mehrheit eine Babypause von zwei oder mehr Jahren richtig.

Und das viel zitierte «Recht auf einen Vollzeitjob» können wir gleich mit beerdigen. Nur ganze 8 Prozent der Mütter wollen in einen Vollzeitjob zurück.

Das sind die Ergebnisse, wenn man die Betroffenen selbst fragt, statt Zahlen-Voodoo zu veranstalten.

Kapitel 8
Mutter-Ersatzstrukturen

Manchmal möchte ich andere Mütter gerne rütteln. «Ich arbeite nicht», sagen sie in der Regel, wenn man sie nach ihrem Beruf fragt.

«Ja, wirklich, machst du den ganzen Tag gar nichts?», frage ich dann gerne nach.

In der Regel ernte ich dann Irritation. Natürlich hätten sie viel zu tun, den ganzen Tag. Plötzlich sprudelt es dann aus ihnen heraus, was ihr Alltag in der Familie so alles mit sich bringt. Und dann natürlich noch das Ehrenamt in der Schule und der Dienst in der Kirchengemeinde.

All diese Mütter, die nichts tun, sind den ganzen Tag schwer beschäftigt. Rein statistisch steigt sogar die Wahrscheinlichkeit, dass eine Frau ehrenamtlich tätig ist, mit der Zahl ihrer Kinder.

«Wenn du etwas zu erledigen hast, gib es jemandem, der sowieso schon zu viel zu tun hat», sagte mir mal ein befreundeter Priester, der in seiner Arbeit ständig aus dem Kräftereservoir der Mütter in seiner Gemeinde schöpft.

Es war ein Erfahrungswert, dass die Mütter immer bereit waren, auch noch eine weitere Aufgabe zu übernehmen, wo sich andere dreimal bitten ließen und dann leider doch keine Zeit fanden. Man sieht all das Geleistete in Ehrenamt und Familie aber oft nicht, weil es niemand honoriert. Nirgendwo manifestiert sich der Grundsatz «Was nichts kostet, ist nichts wert» treffsicherer als in der Verweigerung der Wertschätzung häuslicher Arbeit, erbracht durch Mütter.

Entsprechend bleibt die Bewertung hängen, dass das ja *nichts* ist, was Frauen da tun. Weil Mütter nichts Spektakuläres vollbringen, sondern Alltägliches. Sie bearbeiten keine Projekte, die man in bunte PowerPoint-Präsentationen packen kann, sondern nur unerlässlichen Alltag für Familienalben, der einen nicht selten abends erschöpft auf der Couch zusammensinken lässt.

Hätte man mich in solchen Momenten gefragt, was mich so angestrengt hat, ich hätte nicht wirklich eine konkrete Antwort geben können. Vielleicht am ehesten: Alles, was gemacht werden musste. Die Kinder versorgt und geliebt. Eingekauft, gekocht. Mama-Taxi. Den Wäscheberg beseitigt, der sich immer dann wieder neu auftürmt, wenn man gerade dachte: «Jetzt hab ich alles einmal abgearbeitet.» Und dann stellt dir dein Sohn zwei Reisetaschen mit den Trikots der Fußballmannschaft hin: «Wir sind wieder dran!»

Mutterdasein ist manchmal wie «Murmeltiertag» im Film «Und täglich grüßt das Murmeltier»: Jeden Morgen fängt derselbe Tag von vorne an. Gefangen in der Endlosschleife, nur die darin mitspielenden Kinder werden immer größer.

Die familiäre Arbeit gilt als eine zu überwindende Tätigkeit, weil sie angeblich weder sinnbringend noch wertvoll und schon gar nicht intellektuell herausfordernd ist. Entsprechend wird alles, was ohne Entgelt – ganz im Sinne von Joseph Beuys – «aus Liebe» getan wird, im Bruttoinlandsprodukt unserer Gesellschaft nicht aufgeführt, so, als sei es nicht existent. Es ist Arbeit, die sich dem Markt entzieht, sich ökonomischen Interessen verweigert und gerade deswegen menschlich so wertvoll ist.

Interessanterweise wird diese Arbeit, die vor allem nach wie vor Mütter leisten, immer erst dann sichtbar, wenn Mütter sie nicht mehr erbringen. Wenn Mütter ausfallen oder anderweitig beschäftigt sind und ihre bisherige kostenlose Tätigkeit in staatlichen Ersatzstrukturen neu aufgebaut werden muss. Dann wird es nämlich teuer für alle Beteiligten.

Niemand erwartet, dass eine Kita-Erzieherin unsere Kinder kostenlos erzieht und beaufsichtigt. Schließlich arbeitet sie ja. Was war das für eine Mitleidswelle, als die Kita-Erzieherinnen vor zwei Jahren streikten, um mehr Lohn zu erhalten. «Oh ja», haben alle gerufen, «das ist doch eine ganz wertvolle Tätigkeit!» Niemandem fiel auf, dass Mütter nicht streiken, selbst dann, wenn sie gar kein Geld bekommen, sondern bestenfalls ein wunderbar zahnloses Kinderlächeln als Belohnung kriegen.

Niemand erwartet von einer Tagesmutter, ohne Lohn zu arbeiten. Vier Kinder jeden Tag? Ist doch irre anstrengend.

Und selbst das Nachbarsmädchen, das sich nachmittags als Babysitterin verdingt, kann auf Bezahlung hoffen, schließlich sind wir uns einig: Es ist Arbeit, die sie da leistet. Ohne Bezahlung würde sie gar nicht erst erscheinen.

Erziehung und Betreuung von Kindern wird offenbar immer erst dann zur ehrbaren Arbeit und zu einer wertvollen Tätigkeit, wenn man sie an fremden Kindern verrichtet. Würde ich mit meiner Nachbarin tauschen und ihre vier Kinder großziehen und sie meine, indem wir uns gegenseitig als Tagesmütter beschäftigen, wären wir beide anerkannte Mitglieder dieser Gesellschaft. Schließlich wäre es ein echter Job. Sozialversicherungspflichtig und steuerpflichtig.

Ich sehe den Finanzminister aus der Ferne strahlen, denn wir wären genau dort angekommen, wo man uns hinhaben will: auf dem Arbeitsmarkt.

Aus der Sicht des Staates leisten meine Nachbarin und ich stattdessen familiäre Schwarzarbeit. Wir wagen es tatsächlich, unsere Kinder großzuziehen, ohne diese Arbeit zu versteuern. Ein milliardenschwerer Schattenmarkt und damit selbstredend ein Skandal. Würden wir uns stattdessen endlich wie anständig emanzipierte Frauen verhalten, könnten wir diesen halblegalen Status ehrbar machen und Väterchen Staat seinen wohlverdienten Anteil geben. Hoch lebe die «Care-Arbeit», der Garant für die Sicherung des Arbeitsmarktes der Zukunft und für einen stetig fließenden Steuerstrom.

Die Mutter soll heute nicht mehr bei ihren Kindern sein, sondern berufstätig; dafür haben wir jetzt Tagesmütter, die wir bezahlen.

Die Väter fehlen zunehmend in den Familien. Es gibt immer weniger männliche Vorbilder; dafür haben wir jetzt staatlich finanzierte Programme wie «Mehr Männer in Kitas» aus dem Familienministerium.

Immer mehr Einzelkinder. Das nimmt Kindern die Erfahrung, Geschwister zu haben; dafür sollen sie jetzt Sozialkompetenzen in der Krippe und in altersgemischten Spielgruppen aller Art lernen.

Familien essen immer weniger gemeinsam an einem Tisch; wie auch, wenn alle berufstätig sind? Dafür wird das jetzt in kleinen Tischgruppen in der Ganztagsschule nachgestellt.

Kinder lernen nichts mehr über Lebensmittel und ihre Zubereitung, weil zu Hause keiner mehr Zeit zum Kochen hat; dafür machen wir jetzt Ernährungskurse im Kindergarten und Kochkurse in der Schule.

Die Kinder kennen immer weniger die Großfamilie; dafür bauen wir jetzt Mehrgenerationenhäuser.

Die Kinder kennen keine Großeltern mehr; dafür gibt es jetzt Leih-Opas und Leih-Omas, die man gegen Geld engagieren kann.

Die Kinder haben zu Hause keine Vorbilder mehr bei berufstätigen Eltern; dafür gibt es jetzt Benimm-Unterricht für elementare Grundregeln menschlichen Zusammenlebens in der Schule.

Immer mehr Kinder können selbst bei Schuleintritt nicht richtig sprechen; dafür gibt es den Logopäden.

Immer mehr Kinder können zur Einschulung nicht einmal eine Schere richtig halten; dafür gibt es den Ergotherapeuten.

Und wieder andere können nicht stillsitzen, sich auf nichts konzentrieren, haben keine Toleranzschwelle; dafür haben wir die Diagnose ADHS und tonnenweise verschriebenes Ritalin.

Wenn all das, was bisher traditionell Mütter in der Familie ihren Kindern beibrachten, aus welchen Gründen auch immer nicht mehr geschieht, bauen wir mühsam anderswo Mütter- und Familien-Ersatzstrukturen wieder auf. Natürlich mit all dem Geld, das auch Eltern an Steuern zahlen, erwirtschaftet in der Zeit, die sie jetzt nicht mehr für ihre Kinder haben. Die Frage, die wir uns alle stellen sollten, lautet: Warum investiert eigentlich niemand in das Original?

2013 las ich von einem Sozialprojekt an zwei Bremer Oberschulen. Kostenfaktor nur für diese beiden Schulen im Brennpunkt: 100.000 Euro. Man setzte dort sogenannte «Empathie-Trainer» ein. Einmal im Monat erschien eine junge Mutter, idealerweise mit einem Neugeborenen, und von Monat zu Monat konnte die Klasse begleitend lernen, welche Fortschritte das Baby gemacht hatte. Wie es sich entwickelte, was es gelernt hatte, was es freute, was es zum Weinen brachte. Sie lernten, im Gesicht des Kindes zu lesen. Stimmungen aufzunehmen.

Die Lehrer berichteten über großen Erfolg im Sozialgefüge der Klasse. Auch die größten Querschläger konnten sich dem Zauber des Babys nicht entziehen. Das Verhalten aller Klassenmitglieder wurde mit der Zeit ruhiger, rücksichtsvoller, man lernte, miteinander freundlicher umzugehen. Diese Kinder lernten hier, besser gesagt: holten nach, was zu Hause an Empathie-Training nicht stattgefunden hatte und weiter nicht stattfand, weil ihre Familien diese Aufgabe nicht mehr erfüllten.

Bereits 2005 beteiligte sich die Barmer Ersatzkasse an der Kampagne «Sprich mit mir!», begleitet durch ein Buch mit Anregungen für Eltern, wie und wo sie mit ihren Kindern überall kommunizieren können, mit Spiel-Tipps, die zum Kommunizieren anregen, und Expertenratschlägen, warum das wichtig ist.

Krankenkassen tun dies nicht aus lauter Menschenfreundlichkeit, sondern weil sie Kostenfaktoren vor Augen haben. Wenn die Zahl der Kinder, die logopädische Behandlung brauchen, rasant ansteigt, weiß auch die Krankenkasse, dass es eine Ursache in der Familie hat. Wenn man Eltern dazu animieren muss, mit ihren Kindern zu sprechen, ist das Kind allerdings schon ziemlich tief im Brunnen.

Die Ersten werden jetzt schreien: «Na, das sagen wir doch die ganze Zeit: Eltern können es nicht, werden immer erziehungsunfähiger, der Staat muss doch aushelfen, eingreifen, Ersatzstrukturen bilden!»

Diese Diskussion mutet immer ein bisschen an wie die Frage nach dem Huhn und dem Ei. Was war zuerst da? Die erziehungsunfähigen Eltern, die keine Zeit mehr haben? Oder der Staat, der Eltern finanziell in die doppelte Erwerbstätigkeit drängt, um dann zu monieren, dass Eltern sich ja nicht mehr um die Erziehung kümmern, und er – ergo – übernehmen muss?

Noch einmal die Frage: Warum investieren wir nicht ins Original statt in die Ersatzstruktur? Es wäre doch einfach. Finanzieren wir doch die Zeit der Mütter und Väter statt den Job von Erziehern, Logopäden und Ergotherapeuten. Dieses Ersatz-System kostet uns alle Milliarden. Die Weichen sind dennoch bereits politisch gestellt, um uns in dieses Leben zu führen. Das Geld wird ausgegeben. Die Frage ist einfach nur: Fließt es ins staatliche System, oder fließt es in die Familie? Aber ja, sicher: Das Geld ist da, immer noch genug. Und es fließt. Aber nicht in die Familie.

Alle familienpolitischen Entscheidungen der vergangenen Jahre hatten nichts anderes im Sinn, als die verbliebene Restzeit von Kindern in der Familie immer weiter zu dezimieren und entsprechend die Verweildauer von Müttern auf dem Arbeitsplatz auszuweiten. Die Väter waren ja sowieso schon dort.

Erst hatten wir Kindergärten für ein paar Stunden am Tag. Dann haben wir auf Ganztag umgestellt. Dann haben wir die Randzeiten ausgeweitet, damit man sie früher bringen kann und erst am Abend abholen muss. Jetzt haben wir die ersten 24-Stunden-Kitas, wo die Kinder auch übernachten können, damit sie den Arbeitslauf ihrer Eltern am Fließband nicht stören.

Nicht nur die Aufsichtsperson wird also ersetzt, bald auch das ganze Zuhause. Parallel wird der Ganztagsausbau an den Schulen vorangetrieben. Auch schon in der Grundschule. Was im Kindergarten begann, soll ja keinen Bruch erleben beim Schulstart.

Immer mehr Stunden unter staatlicher Aufsicht, immer weniger Stunden daheim.

Immer mehr Stunden mit Fremden, immer weniger Stunden mit Eltern, Geschwistern oder Großeltern.

Immer mehr Stunden in der Gruppe, immer weniger Zeit für Beziehungen mit Einzelnen.

Immer weniger selbstgestaltete Freizeit, immer mehr verplant-genormte Zeit nach staatlichen Bildungsplänen.

Immer weniger Individualität, immer mehr konformes Gruppenverhalten.

Es fehlt nur noch die DDR-Wochenkrippe für ein «Auferstanden aus Ruinen» der DDR 2.0. Wir reden von individueller Förderung der Kinder und ersticken gleichzeitig jede Ambition, aus der Masse herauszuragen, erbarmungslos im

Keim. Was als moderne Familienpolitik verpackt wird, ist nichts anderes als die Urbarmachung kindlicher Seelen für die Visionen kommunistischer Gleichheitsfantasien.

Gerade arbeiten wir dank der Gender-Ideologie nur noch am letzten Auskehren des Geschlechterunterschieds. Die Herren Bucharin und Preobraschenski wären entzückt, wie gut ihr vorgeschlagenes Konzept familiärer Entfremdung funktioniert.

Die Auswirkungen solcher Politik können wir bereits heute beobachten. Die steigende Zahl auseinanderbrechender Beziehungen und Familien ist der Preis. Die zunehmende Zahl psychisch auffälliger Kinder die logische Konsequenz.

Man darf sie nur nicht mehr so nennen. Heute sind diese Kinder «verhaltenskreativ». Nicht-erzogen, entwurzelt, einsam, liebesbedürftig wären stattdessen die richtigen Attribute, die keiner hören will, aber näher bei der unausgesprochenen Wahrheit liegen.

Zynisch gesagt sind es aber offenbar immer noch zu wenige solcher Kinder. Und wir haben noch immer genug Geld, um sie mit Ritalin und Therapien aller Art ruhigzustellen und in Herden in Ganztagsschulen zu beaufsichtigen. Das System kollabiert erst, wenn entweder die kritische Masse überschritten wird, weil es zu viele werden. Oder das Geld ausgeht, weil wir so erfolgreich im Beseitigen der gesellschaftlichen Eliten waren, dass der verbliebene Rest die Last dieses übergriffigen «Sozialstaates» nicht mehr tragen kann und will.

Über einhunderttausend junge Menschen verlassen bereits heute jährlich gut ausgebildet unser Land und suchen ihr Glück lieber in der Fremde. Ein Gegenkonzept existiert nicht. Was kommt, wenn Familie geht? Ein überforderter Staat voller überforderter Menschen.

«Da haben Sie aber Glück gehabt», sagte mir die Klassenlehrerin unserer Jüngsten vor ein paar Jahren. Die war gerade erst eingeschult worden, und nach ein paar Monaten folgte die Einladung zum routinemäßigen Feedback im Elterngespräch. Die Lehrerin war ganz begeistert, die Kleine machte sich rundum prima. Aufmerksam, wissbegierig und freundlich.

Da sie wusste, dass dieses Kind das jüngste von vieren war, fragte sie, ob das denn bei den größeren drei Geschwistern auch so einfach mit der Schule laufe?

Ich sagte damals: «Ja, die machen sich alle gut.»

«Da haben Sie aber Glück gehabt.»

Immer das Gleiche: Wenn es gut geht, ist es Glück, wenn es schlecht läuft, bist du schuld.

Ich habe zwei kleine Ewigkeiten gezögert. Sollte ich es so stehen lassen? Ich könnte höflich lächeln und rausgehen. So wie bei all den anderen Kindern bisher. Von denen man mir Ähnliches berichtet hatte; sie waren wohl sozialkompetent, wissbegierig und sprachbegabt aus meinem Bauch gerutscht.

Diese Lehrerin meinte es ja nett, sie freute sich ehrlich am guten Schulerfolg unserer Tochter. Ich hab dann aber doch etwas gesagt.

«Mit Verlaub, aber nein, es ist kein Glück, dass sie in der Schule so freundlich ist, dass ihre Hausaufgaben gemacht sind, dass sie wissbegierig und sprachlich kompetent ist. Es ist ehrlich gesagt ein hartes Stück Arbeit, das wir zu Hause mit allen Kindern seit achtzehn Jahren vollbringen. Wir machen es gerne, aber nein, es ist kein Selbstläufer und auch nicht als Glück vom Himmel gefallen, wir arbeiten täglich daran. Wir diskutieren über Gott und die Welt am Esstisch, wir haben eine ganze Bibliothek vorgelesen. Wir versuchen Regeln konsequent durchzusetzen und anständiges Benehmen zu vermitteln. Gefühlt habe ich mindestens zehn Jahre lang pausenlos geredet, 24 Stunden am Tag. Denn wenn Kinder sich auf den Weg machen, sprechen zu lernen, redet man als Mutter in einer Tour, verbessert, wiederholt. Murmeltier-Tag. Nein, es ist kein Glück, es passiert nicht von alleine.»

Ich kann es nicht mehr hören.

Unsere Kinder brauchten keinen Empathie-Unterricht, um ihre Sitznachbarn nicht täglich zu mobben oder den Unterricht zu sprengen. Sie wurden im Kreise von Geschwistern sozialisiert. Wo man auch mal die Klappe halten muss, wenn ein anderer spricht. Wo man Respekt lernt vor den Älteren, die schon mehr können und mehr dürfen. Wo man aber auch Rücksichtnehmen lernt auf die Kleinen, die manchmal länger brauchen und ungeschickt sind.

Unsere vier Kinder haben ganz alleine herausgefunden, dass es Sinn macht, sich morgens gegenseitig zu helfen, statt sich anzuschreien, wenn wir alle zusammen pünktlich mit dem Auto loswollen. Wenn einer trödelt, kommen alle zu spät. Das treibt die Große aus dem Bad, auch wenn sie in Wahrheit darin wohnt, denn morgens brauchen auch andere einen Spiegel. Und es lässt große Brüder kleinen Schwestern ungefragt in die Schuhe helfen und ihre kniffligen Mantelknöpfe schließen.

Ich hätte jedes Mal dahinschmelzen können, wenn ich beobachtete, wie die großen Brüder wie auf Knopfdruck in eine deutliche, langsame Sprache verfielen, wenn sie der kleinen Schwester, die noch nicht gut sprechen konnte, etwas erklärten. Zarter geht's nicht. In den gleichen Modus verfallen sie bis heute automatisch, wenn sie mit ihrer alten Oma sprechen, die bei uns im Haus wohnt. Weil sie wissen, dass Oma schlecht hört. Und man sie ansehen muss und laut und deutlich sein muss, damit sie einen versteht und wirklich zuhört.

Niemals hat ihnen jemand gesagt: «Das müsst ihr so machen.» Es war ein Erfahrungswert, den sie selbst umgesetzt haben. Sie brauchen kein Empathie-Training in der Schule. Keinen Benimm-Kurs für Tischmanieren. Keinen Kochkurs, weil sie zu Hause mit an den Herd dürfen und müssen, und keine Ernährungskunde, weil man bei uns für Fertigprodukte mit Steinigung bedroht wird. Sie brauchten keine Leih-Oma, denn die echte wohnt im Haus, und keine Tagesmutter, denn ihr Original war anwesend.

Und ja, sie sind sprachkompetent. Es heißt ja nicht umsonst «Muttersprache» und nicht «Kitasprache», weil offenbar, seit wir zurückdenken können in unserem kollektiven Gedächtnis, Kinder von ihren Müttern das Sprechen beigebracht bekamen. Und nein, das ist nicht ersetzbar. Oder austauschbar. Nicht durch die Sabine in der Kita, nicht durch ein Sprachprogramm auf dem iPad und auch nicht durch verpflichtende Sprachkurse vor dem Schulstart.

Sprechen lernen ist nämlich so viel mehr als der Erwerb von Wörtern. Und er funktioniert leichter, wenn man es von Mama als von einem x-beliebigen Menschen lernen darf – aus einem einzigen Grund: Mama ist Liebe. So denkt ein Kind.

All die politischen Sprechblasen wie «individuelle Förderung» oder auch ganz hoch im Kurs «Kein Kind zurücklassen» verblassen angesichts einer Mutter, die mit ihrem Kind kommuniziert. Denn nur dort entsteht das, was es braucht, damit ein Kind lernt: Bindung. Ein Resonanzraum.

Weil ein Kind sich erst durch den Widerhall in der Mutter spürt, selbst erlebt. Entsprechend ist das Gespräch mit der Mutter nicht nur sprechen. Nicht Bildung. Nicht Wissenserwerb. Es ist Liebe, es ist Zuwendung, es ist ein «Du bist wichtig, ich hör dir zu, ich schau dich an». Es ist im wahrsten Sinne menschliche Nahrung.

Warum ist Isolationshaft und Kommunikationsentzug ein Folterinstrument? Weil es den Menschen zermürbt. Er braucht den Austausch, die Zuwendung. Spricht ein Fremder mit dem Kind, regt das sein Sprachzentrum an. Spricht die Mutter mit dem Kind, tanzen die Synapsen. Das ist Lernen auf allen Ebenen. Entsprechend verankert es sich tiefer. Wer nicht mit seinen Kindern spricht, versagt ihnen nicht nur ein Mittel der Kommunikation, er schlägt auch eine Tür zu. Verliert den Anschluss.

Man hört es nicht gern als Eltern, ich weiß. Wir alle sind gehetzt und haben wenig Zeit. Aber wer sich fragt, warum seine Teenager-Kinder aus dem Ruder laufen und warum man nicht mehr zu einer vernünftigen Kommunikation zueinander findet, sollte sich fragen, wann er vor Jahren bereits den Faden verloren hat, weil nie Zeit da war. Miteinander sprechen ist wie atmen, man kann es nicht folgenlos aussetzen.

Und jetzt versuchen Sie all das mal in einer Kita-Gruppe mit 24 Kindern und zwei Erzieherinnen.

Ich rede selbst wie ein Fließband. Sprache ist mein Beruf. Ich kommuniziere von Sonnenaufgang bis zur Dunkelheit. In der Phase, als meine Kinder jeweils sprechen lernten, war mein Bedarf an Worten mittags bereits gedeckt. Weil sie pausenlos reden. Ständig verbessert werden müssen. Alles wiederholen. So lernt ein Kind: von einem Erwachsenen, der schon sprechen kann.

Deswegen ist es aberwitzig zu glauben, man könne das Sprachdefizit von Kindern in diesen Institutionen in den Griff bekommen. Analphabeten können sich auch nicht gegenseitig das Lesen und Schreiben beibringen, entsprechend können sich gerade in den U3-Gruppen (also unter drei Jahren) die Kinder nicht gegenseitig das Sprechen beibringen. Sie haben noch gar keine tragfähige Kommunikation. Sie brauchen dafür zwingend einen Erwachsenen.

Wie viele individuelle Worte hat selbst die beste Erzieherin noch für jedes einzelne in der Horde von Kindern, die wir ihr zuteilen? Gerade verkündet unser Familienministerium, dass man noch mal 800 Millionen Euro für das Projekt «Sprach-Kitas» bereitgestellt habe, damit noch ein paar hundert weitere logopädische Experten in den Tageseinrichtungen die sprachlichen Defizite aufarbeiten, die wir nicht hätten, würden wir die Energie in die Familien stecken.

Sprache sei schließlich «der Schlüssel zur Welt», heißt es in der Pressemitteilung des Ministeriums,[22] sie erleichtere alles im Leben.

Nein, wirklich? Und dann kommt der Klassiker wieder, die Teilhabe: Sprache sei «für Kinder der Schlüssel zu Chancengleichheit und Teilhabe».

Kein Wort findet man dort zur Frage, wo Sprache beginnt: im Elternhaus. Die Worte *Eltern, Mutter* oder gar *Mutterspra-*

che finden nicht statt, wenn das «Ministerium für Gedöns» Geld ausgibt, um Kinder im Spracherwerb zu unterstützen. Da passt es abschließend noch gut ins Bild, dass man längst dazu übergegangen ist, den Begriff der «Muttersprache» aus dem wissenschaftlichen Jargon zurückzudrängen.

Wahre Schritthalter der Modernität sprechen neuerdings nur noch von «Erstsprache».

Familie ist der wahre Standortvorteil in Sachen Bildung für ein Kind. Doch was nicht sein soll, darf nicht sein. Und so werden im politischen Diskurs die Vorteile familiärer Erziehung selbst dort, wo man sie erkennt, noch schlechtgeredet, um sie in ein negatives Licht zu stellen.

Ich weiß ja nicht, ob Sie es wussten als Mutti. Aber wenn Sie Ihren Kindern bei den Hausaufgaben helfen können, wenn Sie also Zeit haben, sich darum zu kümmern, dass diese wirklich gemacht werden, und wenn Sie mit ihnen üben vor Klassenarbeiten und Sie – Gott behüte – gar Fragen Ihrer Kinder auch noch beantworten können, dann verschaffen Sie Ihren Kindern damit einen asozialen Vorteil gegenüber den Kindern, die keine solchen Eltern zu Hause haben, und tragen damit zur «sozialen Ungleichheit» im Land bei. Schande über Sie!

Deswegen ist es auch viel sozialer, wenn alle Kinder in eine verpflichtende Ganztagsschule gedrängt werden, wo alle alleine in der Nachmittagsbetreuung Hausaufgaben machen, damit sich nicht eines der Kinder einen unlauteren

Vorteil in einem Bildungs-Haushalt verschaffen kann, und damit – noch mal Gott behüte – gar besser und schlauer wird als seine Mitschüler.

Eliten killen leicht gemacht. Wo kommen wir auch hin, wenn manche plötzlich besser sind als andere? Ein kompetentes und bildungsorientiertes Elternhaus wird damit zum Werkzeug sozialer Ungleichheit.

Mit dieser aberwitzigen Argumentation trat der heutige Außenminister Sigmar Gabriel 2013 allen Ernstes in die Öffentlichkeit: «Die Ungerechtigkeit beginnt doch damit, dass Eltern, die Akademiker sind, ihren Kindern bei der höheren Schulbildung einfacher helfen können als Eltern, die nicht studiert haben. Und deswegen will ich, dass das in der Schule stattfindet und nicht im Elternhaus»,[23] sagte er in einem Interview.

Jeden Nachmittag schaffe ich hier zu Hause also ein Stück gesellschaftliche «Ungerechtigkeit», weil ich darauf achte, wie meine Kinder die Hausaufgaben machen oder ob sie es überhaupt tun. Im Gegenzug werde ich natürlich als inkompetent, bildungsfern und vernachlässigend bezeichnet, wenn ich das nicht tue.

Ja, als Eltern ist es nicht einfach, es dem Staat recht zu machen. Man könnte Gabriels Vorschlag als populistische Forderung abtun, wäre nicht System dahinter. Ein System, das darauf abzielt, immer mehr elterliche Verantwortung an staatliche Stellen zu übertragen.

Leider reiht sich Gabriels Vorschlag ja ein in eine Liste verschiedener Forderungen aus sozialdemokratischer Richtung. Wir erinnern uns alle an Olaf Scholz, damals nur ambitionierter Normal-Sozi, heute erster Bürgermeister Hamburgs, der die berühmte «Lufthoheit über den Kinderbetten» für den Staat einforderte.

Aber auch die langjährige SPD-Beraterin und Soziologin Jutta Allmendinger, Präsidentin des Wissenschaftszentrums Berlin (WZB), blies damals ins gleiche Horn und monierte, die Guten würden in unserem Schulsystem zu schnell voranziehen und diejenigen ohne elterliche Unterstützung hätten das Nachsehen. Sie hatte also erkannt, dass das System Schule den Vorteil Elternhaus nicht ausgleichen, nachstellen oder gar ersetzen kann.

Die Forderung daraus war aber nicht: Dann lasst uns doch daran arbeiten, dass alle Kinder diesen Standortvorteil eines vernünftigen Elternhauses, das Zeit hat, haben dürfen. Sondern das Gegenteil: Dann lasst uns allen Kindern den Standortvorteil Familie wegnehmen und sie im Namen der sozialen Gerechtigkeit lieber alle in ein Schulsystem zwängen, von dem wir gerade festgestellt haben, dass es überfordert ist.

Kein Frage, Absurdistan muss, wenn schon, dann *ganz* besiedelt werden. Zum Stichwort «absurd» schreckte damals auch der Deutsche Gewerkschaftsbund kurz aus dem Arbeiterschlaf hoch. Auch die damals stellvertretende DGB-Vorsitzende Ingrid Sehrbrock meldete sich mit dem Vorschlag, dann doch am besten gleich schon den Kindergarten verpflichtend zu machen: «Wenn man es ernst nimmt mit der Chancengleichheit, kann die Antwort nur lauten: Pflichtbesuche von der Krippe an.»[24]

Warum nicht gleich ab Geburt? Aus dem Kreißsaal in die Kita. Wir wollen doch nicht ein wichtiges bildungspolitisches Zeitfenster verstreichen lassen? Oder gar zulassen, dass sich manche Kinder besser oder anders entwickeln als der Rest. Gott behüte!

Was all diese selbsternannten Bildungsexperten außen vor lassen, ist das Feedback von denjenigen, die täglich mit unseren Kindern zu tun haben: den Lehrern. Es war ein bisschen unglücklich, dass der Vorsitzende des Lehrerverbandes Josef Kraus einst den Begriff der «Helikopter-Eltern» in die politische Debatte einbrachte. War es doch ein Eltern-Bashing erster Güte.

Und keine Frage, es gibt diese Eltern, die ihren Kindern die Tasche bis ins Klassenzimmer tragen, die Sportbeutel hinterherfahren, wenn sie vergessen wurden, deren Kinder niemals ungezogen, sondern nur «unterfordert» sind, und die bei schlechten Noten gerne mit dem Anwalt im Lehrerzimmer stehen. Sie sind in der Minderheit, aber viel lieber zitiert als die Mehrheit der Eltern, die Kraus auch benennt, ohne deren Unterstützung die Schule nichts vollbringen könnte.

Niemand scheint seinen Helikopter-Eltern-Bestseller bis zum Ende gelesen zu haben, denn darin steht sehr viel über die Frage, was Schule alles nicht leisten kann, selbst wenn die Politik es herbeiredet.

Erst kürzlich berichtete eine Lehrerin in einem Beitrag der FAZ[25] über die Überforderung in einem System, in dem sie keinem Kind mehr gerecht werde, wie sie es sagt:

«Viele Kinder sind auch einfach nur vernachlässigt. Wir haben in unserer Schule einige Erstklässler, die stehen alleine auf, die bekommen kein Frühstück mit in die Schule, die Mütter, oft alleinerziehend, haben Spätschichten und kriegen es nicht auf die Reihe. Viele Erstklässler sind jeden Tag bis 17 Uhr in der Betreuung und gehen dann alleine nach Hause. Es gibt viele Familien, da kümmert sich keiner. Auch bei den Wohlstandskindern. Die haben materiell gesehen alles, aber trotzdem hört ihnen zu Hause keiner zu, weil die Eltern beide arbeiten und das Au-pair-Mädchen überfordert ist. Die drehen dann morgens in der Schule richtig auf. Wenn man einem dieser Kinder dann ins Zeugnis schreibt: ‹Ihr Kind hält sich nicht immer an die Regeln›, droht der Vater sofort mit einer Klage.»

Was all diese Zustände eint: Wenn zu Hause niemand mehr anwesend ist, weil alle berufstätig sind, wenn keiner mehr den Überblick behält und sich kümmert, gerät das Leben von Kindern in allen gesellschaftlichen Schichten aus den Fugen. Das kann man nun weiter leugnen oder endlich ins Original investieren: die Arbeit von Müttern angemessen wertschätzen und honorieren.

Kind drei fiel bei uns übrigens als Vierjähriger fast durch den wunderbar genormten Sprachtest und rutschte nur um ein Haar an einem verpflichtenden Sprachkurs vorbei. Zu diesem Zeitpunkt beherrschte er zwar schon einwandfrei den Gebrauch des Konjunktivs und des Genitivs, er sprach aber nur mit Menschen, die sich ihm vorher vorstellten. Und zwar so, wie ein Vierjähriger es braucht.

Man könnte auch sagen, seine Sozialkompetenz war größer als sein Mitteilungsbedürfnis. Er legte damals keinen Wert auf eine Kommunikation mit einer Schulleiterin, die es nicht einmal für nötig gehalten hatte, ihm Hallo zu sagen oder ihm vielleicht mit einem Spiel oder auch nur ein paar freundlichen Worten die Angst und das Misstrauen vor der ungewohnten Situation zu nehmen. Ein pädagogischer Totalausfall. Stattdessen sollte er in den fremden Räumen und bei der fremden Frau wie ein Zirkuspferd auf Kommando Antworten abspulen. Er verweigerte sich diesem Schauspiel. Guter Junge.

Kapitel 9
«Guter Hoffnung» war gestern

«Never touch a running system» – der Grundsatz, niemals ein rundlaufendes System zu unterbrechen, nicht einzugreifen, eben weil es funktioniert, ist unter Computerfreaks ein geflügeltes Wort. Sie wissen, warum.

Wer kleine Kinder hat, weiß es auch. Stör nicht unnötig ein Kind, das in seiner Gedanken- und Spielwelt versunken ist. Weck kein Kind, das friedlich schläft. Du wirst es bereuen. Vollkommenheit braucht keine Optimierung. Der Kreislauf des Lebens ist ein vollkommener Zyklus. Zeugung – Geburt – Leben – Tod. Seit Millionen von Jahren greifen die Zahnräder ineinander, bringen neues Leben hervor, während das Vergangene als Geschichte und in Geschichten in Erinnerung bleibt. Fußspuren im Sand.

Es ist kein Zufall, dass viele Mütter und Väter durch die Geburt eines Kindes wieder näher an die großen Dinge heranrücken: Spiritualität, eine höhere Instanz, einen Schöpfer, einen Gott, der diese Vollkommenheit des Universums geschaffen hat.

Wo kommen wir her, wo gehen wir hin, wer sind wir? Wenn ein Kind geboren wird und wenn sich Mutterschaft ereignet, sind die großen Fragen plötzlich alle auf dem Tisch. Weil es einfach unglaublich ist, was hier geschieht. Ein Schöpfungsakt. Die Welt in einer Nussschale. Ein Wunder. Aus zwei Zellen entsteht neues Leben. Ein Kind wächst heran. Im Bauch einer Frau.

Es kommt der Tag, an dem man das kleine Leben erstmals spürt. Es macht atemlos, kopflos, überglücklich. Und dann kommt die heikle Zeit der Geburt, wo man zu zweit in den Kreißsaal tritt und zu dritt wieder herauskommt. Alles ist anders, und diese Handvoll Leben ist eine Miniatur deiner selbst, trägt Züge seines Vaters oder von der Großmutter. Da geschehen große Dinge. Es macht sprachlos. Es hat sich Geschichte ereignet: eine nächste Generation ist angetreten.

Und plötzlich erscheint es aberwitzig, dass der Mensch nur noch das Produkt zufällig aufeinandertreffender Aminosäuren sein soll. Da werden selbst hartgesottene Atheisten plötzlich ganz weich. Was bleibt ihnen auch sonst übrig.

Wir sind über die Jahre nicht ausgestorben, was an sich schon an ein Wunder grenzt, wenn man bedenkt, welche Mühe sich der Mensch seit Jahrhunderten mit Mord, Totschlag, Krieg und den gewaltigen Zerstörungspotenzialen gibt, die wir in den vergangenen Dekaden erschaffen haben.

Wir blicken auf die Geschichte unserer Mütter und Väter zurück, die den Kreislauf des Lebens wie die Jahreszeiten hinnahmen als das, was er ist: Teil der menschlichen Natur, Teil einer großen Geschichte. Jedes Kind ein Original, mit dem Potenzial, die Welt zu verändern. Jedes Kind ein Ja zum Leben. Jedes Kind ein Signal dafür, dass es diesen besonderen Ton in der Symphonie des Lebens noch braucht.

Seit Frauen aber nicht mehr selbstverständlich gebären, ist das System dieses menschlichen Kreislaufs störanfällig geworden. Es wird künstlich verhindert oder soll technisch erzwungen werden. Immer gilt: Hauptsache, die ökonomische Produktivität der Frau wird möglichst erhalten oder umgehend wiederhergestellt. Das Absinken der Geburtenrate ist dafür nur ein Indiz von vielen. Der gestiegene Stresspegel nicht nur bei Schwangeren, sondern auch bei jungen Müttern ein weiteres Alarmsignal.

Nun kann man ein holpriges System wieder kitten oder weitere Knüppel in die Zahnräder werfen. Gesellschaftlich und ordnungspolitisch haben wir uns offensichtlich für Letzteres entschieden.

Never touch a running system. Wir schützen heute den ökologischen Kreislauf der Natur. Jede Partei, die bei Verstand ist, hat sich den Schutz der Umwelt, nachhaltiges Wirtschaften mit den Ressourcen des Planeten auf die Fahnen geschrieben. Wir retten Tierarten vor dem Aussterben, bewahren Pflanzen vor Genmanipulationen und den Boden vor dem Raubbau.

Wir haben Gesetze, die Wild und sogar Vögel gesetzlich während der Aufzucht- und Nistzeit beschützen sollen, damit sie in Ruhe brüten und behüten können, und einen gesetzlichen Welpenschutz, damit jedes Hundebaby lange genug bei seiner Mama bleiben kann. Wir legen Baustellen still, wenn darauf seltene Lurche spielen, tragen Frösche über Straßen und ketten uns an Bäume, um sie vor dem Fällen zu bewahren.

Geht es aber um den Menschen, scheint es, als seien wir selbst außerhalb dieses grandios geschaffenen Naturschauspiels angesiedelt. Er ist das einzige Lebewesen, das es anscheinend nicht in seiner Einzigartigkeit zu bewahren, sondern stattdessen zu optimieren gilt.

Als Papst Benedikt XVI. im Jahr 2011 seine berühmte Rede im Deutschen Bundestag hielt, waren selbst die Grünen anschließend ganz entzückt. Hatte er doch über die «Ökologie des Menschen» gesprochen. Und bis heute glauben offensichtlich immer noch viele, er habe damit Ökostrom und veganes Essen gemeint. Der Papst sprach aber nicht über den Schutz der Natur durch den Menschen, sondern vom Schutz der menschlichen Natur vor dem Eingriff des Menschen. Also Menschenschutz in seinem tiefsten und besten Sinne.

Es ist in der Tat skurril: Denn während heute jedes Eingreifen des Menschen in den natürlichen Lebenskreislauf von Pflanzen und Tieren mit sozialer Ächtung geahndet wird, wird man gleichzeitig angesehen wie eine Kräuterfrau aus dem Mittelalter, wenn man den natürlichen Verlauf einer Schwangerschaft, eine Geburt ohne Schmerzmittel, das Stillen eines Kindes und seinen langen Verbleib beim «Muttertier» für gut und erstrebenswert hält.

Ausgerechnet das Kinderkriegen, also die Wiege der Menschwerdung, ist plötzlich ein Umstand geworden, der zwingend wissenschaftlich und gesellschaftlich kontrolliert und vor allem auch optimiert werden muss.

Wir wollen nur noch perfekte Kinder, in perfekter Anzahl, mit dem perfekten Geschlecht, zum perfekten Zeitpunkt, mit dem perfekten Partner und bei perfekter Gesundheit. Wo kommen wir denn hin, wenn man Frauen einfach mal munter gebären lässt, wo man sie doch stattdessen so wunderbar von der ersten Sekunde an vermessen, beratschlagen, belehren und verängstigen kann? Ganze Berufsfelder stünden vor dem Aus, wenn Frauen das machen würden, was sie seit Jahrtausenden ohne gute Ratschläge und übrigens unter Anleitung und mit dem Erfahrungsschatz anderer Frauen auch ganz gut hinkriegten: Kinder auf die Welt zu bringen.

Früher war eine Schwangere eine Frau «in anderen Umständen». Allein schon begrifflich ist das nicht einfach nur ein wachsender Bauch, sondern eine ganz andere Dimension. Man war «in freudiger Erwartung» oder auch «guter Hoffnung». Man erwartete ein Kind. Neun Monate Advent. Wusste oft gar nicht, was es wird, und freute sich doch in der Regel, egal, was es wurde.

«Guter Hoffnung» ist heute oft nur noch ein schlechter Witz. Heute sind junge Frauen während der Schwangerschaft vor allem eines: im Stress und von der ersten Sekunde an Patientin. Schwangerschaften sind keine normalen Vorgänge mehr, sie werden als Krankheiten gehandelt, deren Verlauf misstrauisch beäugt wird. Denn als wäre das Leben an sich nicht schon tödlich genug, gilt auch hier: Die größte Gefahr für ein Kind ist die eigene Mutter, falls sie es in der Schwangerschaft versäumt, alles zu tun, um das Optimum an Leistungswerten zu vollbringen.

Die Übung ist regelrecht ambitioniert: Das Kind, das man zwanzig Jahre lang verhütet hat, soll sich dann auf Knopfdruck zeugen lassen und im Bauch bitteschön stets den richtigen Wachstumskurven folgen.

Allein durch die Altersstruktur von Schwangeren werden immer mehr dieser Frauen zu Risikoschwangeren erklärt. Heute wird man bereits mit 32 Jahren wie ein rohes Ei behandelt. Das Risikoalter ist schrittweise gesenkt worden, ohne dass es dafür einen erkennbaren medizinischen Grund gab.

Es hat aber Auswirkungen auf die Tests, die einem als werdender Mutter ungefragt aufgedrängt werden und die selbstredend einerseits bei den Krankenkassen abgerechnet werden können, andererseits auch von den Müttern selbst bezahlt werden sollen. Du willst doch nicht etwa riskieren, dass dein Kind krank sein könnte? Und so wird ausgiebig getestet und untersucht, untersucht und getestet. Zusätzliche Ultraschalluntersuchungen in 3D oder gleich 4D. Kostet natürlich extra. Das Blut auf allerlei Antikörper untersuchen lassen, das Ersttrimester-Screening oder am besten gleich den großen Praenatest für knapp 400 Euro machen lassen, der alle Chromosomenstörungen findet, die das Kind haben kann.

Niemand stellt vorher die Frage: Was wollen Sie denn dann mit dem Ergebnis tun? Automatisch wird vorausgesetzt, dass wir als Mütter doch sicher jede Zelle schon vorher einzeln kennen wollen, es könnte ja auch eine nicht perfekte darunter sein.

Gibt es ein Recht auf Nichtwissen? Gibt es ein Recht auf einfach «gute Hoffnung»? Niemand bereitet werdende Mütter gedanklich darauf vor, was es mit ihnen machen kann, wenn dann mal ein Wert nicht stimmt. Die Kehrseite perfekter medizinischer Versorgung sind die Sorge und die Angst, etwas zu versäumen. Aber auch die erzwungene Entscheidung, was denn nun geschehen soll, wenn ein Kind nicht ganz gesund ist. Ist es dann nicht mehr gut, nicht mehr gewollt, nicht mehr willkommen, nicht mehr lebenswert? Nicht mehr vollkommen?

Die Diagnose einer möglichen Behinderung wird immer mehr zum Todesurteil für Ungeborene, der Druck auf die Eltern, in diesem Fall das Kind abzutreiben, ist enorm. Über neunzig Prozent der Diagnosen «Down-Syndrom» (auch: «Trisomie 21») enden für das Kind tödlich.

Eltern, die ihr Kind dennoch bekommen, hören nicht selten Kommentare wie: «Das muss doch heutzutage nicht mehr sein.» Oder auch: «Wusstet ihr das nicht vorher?»

«Ja, sicher wussten wir das, aber es machte keinen Unterschied für uns», sagte mir eine betroffene Mutter. Mit den Kommentaren ihrer Mitmenschen muss sie alleine zurandekommen. Weil sie ja kein perfektes Kind bekommen hat und was das alles kostet bei der Krankenkasse, wo sie es doch hätte wegmachen lassen können. «Unperfekte» Kinder als Kostenfaktoren.

Angst ist ein mächtiger Schrittmacher im System, vor allem, wenn es um den eigenen Nachwuchs geht. Wer will sich schon an der Gesundheit des Kindes versündigen, nur weil er sich einem medizinisch empfohlenen Test verweigert hat? Ist das nicht fahrlässig? Und da es immer mehr Frauen gibt, die nur noch ein Kind bekommen, haben sie weder einen Erfahrungsschatz, auf den sie zurückgreifen können, noch die Ruhe, sich einfach auf ihr Bauchgefühl zu verlassen oder sich gar den ärztlichen Routinen zu widersetzen. Jeder falsche Blutwert ein Risiko, jede kleinste Anomalie ein Grund für weitere Tests.

Vom Tag der Diagnose «schwanger» begibt Frau sich in die Hände von Ärzten, ist sie nicht mehr handelnde Person, sondern ausgelieferte Patientin, und das in einem Zustand, den man sowieso schon als emotional aufgeladen bezeichnen kann.

Nach der Geburt steigt das Spiel mit der Angst allerdings noch auf ein ganz neues Level: Atemstillstand, plötzlicher Kindstod, jedes Jahr neue Empfehlungen für den sicheren Schlaf unserer Kinder.

«Irgendwann müssen Sie Ihr Neugeborenes dazu vermutlich in einem Rucksack an die Wand hängen», machte sich damals der Chefarzt bei meinem ersten Infoabend für Schwangere über die ständig wechselnden Empfehlungen lustig. Sein Humor war befreiend. Er empfahl damals etwas ganz Seltenes und sehr Weises: Wir sollen es so machen, wie wir uns damit wohlfühlen. Auf unser Bauchgefühl hören.

Man muss es einmal durchlebt haben, um zu verstehen, was einer werdenden Mutter mit all dieser gutmeinenden Überversorgung genommen wird: die Sorglosigkeit, die Vorfreude und ja, vor allem, die gute Hoffnung.

Ich wäre selbst bei meinem vierten Kind als psychisches Wrack geendet, wäre es nicht mein viertes gewesen und meine innere Ruhe folglich groß. So verweigerte ich mich unnötigen Untersuchungen und beharrte bis zuletzt auf meinem Bauchgefühl, das immer sagte: Es ist alles gut. Wäre es aber mein erstes Kind gewesen, ich hätte alles anstandslos über mich ergehen lassen.

Ich bin nicht einmal sicher, ob es heute auf der Welt wäre, denn ein paar Wochen schwebte dieses Mal das Damoklesschwert «mögliche Behinderung» über mir. Nach drei Kindern wusste ich für mich, dass ich all diese Ergebnisse ignorieren würde. Es war doch mein Kind. Ich liebte es schon im Bauch wie all die anderen, die ich bereits im Arm oder an der Hand hielt. Ich würde aber für mich als damals 23-jährige Erstgebärende bis heute nicht die Hand ins Feuer legen, wie ich zu dem Zeitpunkt mit der gleichen Situation umgegangen wäre. Wenn die Ärzte Sorgenfalten auf der Stirn zeigen und das medizinische Expertentum zu Hochform aufläuft.

Nun hatte ich aber drei Kinder problemlos, schnell und gesund auf die Welt bekommen, warum sollte ich mir Sorgen machen bei Nummer vier? Ich hatte nicht bedacht, dass ich inzwischen aufgrund meines Alters eine dieser «Risikoschwangeren» war, und so begann die Maschinerie, als ein Blutwert nicht stimmte und man mich einfach an einen «Spezialisten» überwies. Niemand fragte mich, ob ich die Ergebnisse dieses Spezialisten überhaupt wissen wollte. Ich fühlte mich überrannt.

Im Ergebnis waren sich anschließend zwei Experten nicht einig, wie alt das Kind in meinem Bauch ist, ob es gesund ist oder mit Behinderung zur Welt kommen könnte, weil sich all die gesammelten Untersuchungs-Werte gegenseitig widersprachen, und auch der errechnete Geburtstermin war plötzlich vakant. Experte Nummer drei empfahl dann zur Sicherheit einen geplanten Kaiserschnitt, weil Experte Nummer eins der Meinung war, das Kind sei zu groß und ich zudem Opfer einer Schwangerschaftsdiabetes, was wiederum Experte Nummer vier bestätigen sollte.

Dazu sollte es dann nicht mehr kommen, weil das Mädchen in meinem Bauch sich freundlicherweise entschloss, in einer Sturzgeburt innerhalb von zwanzig Minuten kerngesund das Licht der Welt zu erblicken. Sie erfüllte damit die

Weissagung von Experte Nummer zwei, der als Einziger diagnostiziert hatte, dass alles in Ordnung ist und Kollege Nummer eins sich eben einfach mal verrechnet hat im Geburtstermin.

Dieser wollte das nicht auf sich sitzen lassen und beharrte auf «seinem» Geburtstermin im Mutterpass, was wiederum zur Folge hatte, dass dieses kerngesunde und über dreieinhalb Kilo schwere Neugeborene als bedauernswertes Frühchen eingestuft wurde, weil es sich partout nicht an den Termin von Experte eins hielt und drei Wochen «zu früh» kam. Oder eben laut Experte zwei ganz pünktlich.

Experte drei wiederum, der mir wegen der zu erwartenden Schwere der Geburt versucht hatte, einen Kaiserschnitt aufzudrängen, schaffte es dann leider erst nach der Geburt des Kindes im Laufschritt in den Kreißsaal, denn das Kind war leider zu schnell und zu leicht auf die Welt gekommen, um auf ihn zu warten. Die Hebamme hatte das alleine bewerkstelligt, wir badeten das Kind bereits.

Gerade stirbt nun der Berufsstand dieser Frauen aus, die sich mit dem Kinderkriegen am besten auskennen: die Hebammen. Es ist eine Frauendomäne, ein weiblicher Beruf. Sie sind die Hüterinnen alten Wissens, die Nachfahren der Kräuterfrauen des Mittelalters. Der Antipol zu einer Medizin, die nur auf Geräte hört. Sie horchen stattdessen auch am Bauch.

Als ich ohne Wehen einst in der Tür des Kreißsaals stand

und behauptete, ich bekäme an diesem Tag noch das Kind, war es die Hebamme, die mich dabehielt, obwohl alle Geräte, an die man mich anschloss, sagten: keine Geburt. Die Hebamme sah nicht nur auf den Wehenschreiber und seine Nulllinie, sondern auch in mein Gesicht. Dafür hielt sie eine Stunde später ein Kind im Arm.

Wir haben als Mütter einen Anspruch auf eine Hebamme, er besteht aber nur noch auf dem Papier. Bei der Geburt eines Kindes soll eine Hebamme anwesend sein, ein Arzt ist entbehrlich, für ihn gibt es kein Gesetz. Tatsächlich wird die Versorgung von Schwangeren gerade knapp in Deutschland, weil man den Hebammen das finanzielle Auskommen derart schwer gestaltet hat, dass die meisten sich die Ausübung ihres Berufes nicht mehr leisten können.

Schuld ist der exorbitante Anstieg der Beiträge zu ihrer Haftpflichtversicherung. Geburten sind zu medizinischen Risiken geworden, die niemand tragen will. Die Politik könnte eingreifen. Die Hebammen bitten darum.

Außer wärmende Worte zu äußern, hat die Frauen- und Familienministerin noch nichts dagegen unternommen. Man stelle sich mal vor, was bei uns los wäre, würde man Frauen die Ausübung von Vorstandsposten unmöglich machen. Wir hätten wieder einen Aufschrei im Land.

Als es um die Einführung einer Frauenquote in Deutschland ging, stritten sich ganze vier Ministerien um die Frage der Zuständigkeit, denn jeder beanspruchte sie für sich selbst: das Familien-, das Arbeits-, das Justiz- und das Wirtschaftsministerium. Alle wollten damals mit dabei sein auf der Sonnenseite der Geschichte bei der Unterstützung der Frau.

Aktuell bricht in Deutschland aus Versicherungsgründen eine ganze Frauenberufsdomäne zusammen, und weder die Frauenministerin noch der Gesundheitsminister legen sich ins Zeug, um es zu verhindern. Es ist, gelinde gesagt, ein Armutszeugnis, das hier abgeliefert wird. Wo ist der Aufschrei, weil ein Frauenberuf ausstirbt? Wo ist der Aufschrei, weil Frauen ihren gesetzlichen Anspruch auf Versorgung als Schwangere nicht mehr durchsetzen können, weil es schlicht nicht mehr genug Hebammen gibt? Kreißsäle sind einfach nicht so sexy wie Chef-Etagen.

Wer heute für die Nachsorge nach der Geburt eine Hebamme haben will, kümmert sich am besten noch vor der Zeugung darum, um auf eine Warteliste zu kommen, sonst sieht es nämlich düster aus. Schwangere, Gebärende und Wöchnerinnen sind die schwächsten unter den Frauen. Niemals ist eine Frau angreifbarer und schutzbedürftiger als in dieser Zeit. Und genau dann lassen wir sie fallen.

Bei der gesundheitlichen Versorgung von Müttern ist traditionell auch Schweigen im Walde bei den Feministinnen. Mütter sind einfach nicht ihr Ding. Nirgendwo wird es besser sichtbar. Niemand bricht hier eine Lanze. Es ist auf gut Deutsch gesagt zum Kotzen, wie hier Millionen von Müttern von jenen im Stich gelassen werden, die doch vorgeben, für «die Frau» zu kämpfen und sonst schon bei jedem falschen Wort eines Mannes gegenüber einer Frau sofort in den öffentlichen Empörungsmodus verfallen.

Infolgedessen ist eine angemessene Gesundheitsversorgung von Frauen vor, während und auch nach der Geburt heute nicht mehr sicherzustellen. Nicht nur die Hebammen haben nämlich das Problem mit den hohen Versicherungsbeiträgen, die kleinen Geburtshäuser und Geburtsstationen in Kliniken – gerade im ländlichen Raum – haben es ebenfalls. Deswegen schließen sie momentan reihenweise ihre Pforten, weil sie an den Geburten nicht mehr genug verdienen und stattdessen hohe Kosten haben. Für Frauen, die in den Wehen liegen, heißt das, dass sie häufig in ihrer Nähe keine Klinik mit Geburtsstation, geschweige denn Spezialisten finden und teilweise weite Anfahrten ins nächste Krankenhaus haben.

Im gleichen Tempo, wie die Hebammen-Kunst verschwindet, steigt gleichzeitig in zahlreichen Kliniken der Prozentsatz der geplanten Kaiserschnitte. Ein medizinischer Grund ist nicht auszumachen. Man kann nur mutmaßen, dass man diese für den Schichtdienst auch viel besser planen und so die Feiertage und Nachtstunden freihalten kann. Und natürlich kann man bei der Krankenkasse für einen Kaiserschnitt ein Vielfaches mehr abrechnen als für eine schnöde Spontangeburt ohne Komplikationen. Ein Schelm, wer Böses dabei denkt.

Da redet ein ganzes Land davon, wie kinderfreundlich man doch sei, dass man die Geburtenrate erhöhen wolle. Gleichzeitig stellt man die bewährte und frauengerechte Betreuung werdender Mütter durch die Hebammen ein und riskiert damit die hohen medizinischen und menschlichen Versorgungsstandards, die wir seit Jahren hatten. Mehr Zynismus geht kaum.

Hebammen berichteten mir, dass in manchen Regionen jetzt die Notarztwagenfahrer in Schnellkursen als Geburtshelfer ausgebildet werden. Wir tauschen also gerade die langjährige Berufserfahrung von Hebammen gegen dürftig ausgebildete Sanitäter. Am besten, wir nehmen uns als Nächstes die Taxifahrer mit diesen Kursen vor, oder besser noch: schulen die Hebammen zu Taxifahrerinnen um, denn wenn es so weitergeht, werden bald mehr Kinder in Autos als in Krankenhäusern geboren. Geschlecht: Weiblich. Geburtsort: Mercedes E-Klasse.

Never touch a running system. Wir haben bereits die Schwangerschaft von der Normalität in die zu beaufsichtigende Krankheit überführt. Das alte Wissen der Hebammen, die mehr über das natürliche Ins-Leben-Holen der Kinder wissen als sonst jemand, drängen wir gerade zurück, indem wir ihnen die finanzielle Basis entziehen. Ein Schema, das inzwischen bekannt sein sollte.

Und kaum ist das Kind auf der Welt, dreht sich – so scheint es – alles nur noch um die Frage, wie möglichst schnell wieder Arbeitsnormalität hergestellt werden kann: Wann kann man es endlich von der Mutter trennen? In der Presse werden passend dazu die Frauen bewundert, die im Vorbeilaufen gebären und sofort wieder im Büro antreten. Die französische Justizministerin nahm nach fünf Tagen die Arbeit wieder auf. Wir lesen von Moderatorinnen, die nach zwei Wochen wieder auf Sendung sind. Und, mein Gott, wie schlank, man sieht ihnen gar nicht mehr an, dass sie mal schwanger waren.

Die Schwangerschaft als Zwischenfall, als Figur-Problem und Karriere-Risiko. Erinnert sich noch irgendjemand an den Begriff des «Wochenbettes»? Wochen, meine Damen! Eine Ruhephase nach der Geburt für Mutter und Kind, um sich von den Strapazen zu erholen. Und um sich aneinander zu gewöhnen. Welpenschutz für Mutter und Kind. Was ist das nur für ein Land, in dem wir bestrafen, wenn man einem Hundebaby die Mama nimmt, und bewundern, wenn eine Mutter ihr Kind früh abgibt, um wieder erwerbstätig zu sein?

Klar, dass man uns unter dieser Prämisse auch das Stillen unserer Kinder verleiden musste. Auch so ein Puzzlestein im System, wenn man ihn einfach an seinem Platz stehen lässt. Nicht nur, dass wir die Form unserer hübschen Brüste dadurch riskieren und uns als «Milchkühe» bezeichnen lassen müssen.

Vergessen wir nicht die mutwillig fortgesetzte Abhängigkeit von Mann und Heim, wo wir doch wenigstens nach neun Monaten endlich wieder an unserer Emanzipation arbeiten könnten. Ist doch egal, wer das Kind füttert, kann das denn nicht auch der Vater, die Nanny oder sonst jemand? Das Füttern eines Babys wurde zum notwendigen Übel, das Schlaf, Figur und Karriere zerstören kann.

In Afrika kam es vor einigen Jahren zu einer massiven Säuglingssterblichkeit. Der Handelsriese Nestlé hatte dort sein Marketing mächtig vorangetrieben. Stillen war gestern – stattdessen sollten die Leute jetzt die gute Babynahrung kaufen. Dass man dafür gerade in der Hitze Afrikas ständig sterile Fläschchen und sauber abgekochtes Wasser braucht, hat man wohl versäumt zu erwähnen. Aus Kostengründen verdünnten manche Mütter zudem die Milch, damit sie länger reicht. Tausende von Babys bezahlten es mit dem Leben, dass man ihren Müttern das ausredete, was nahezu alle können: ihr Kind in den ersten Monaten selbst ernähren.

Stillen. Es ist so viel mehr als die Aufnahme von Nahrung. Es ist im wahrsten Sinne des Wortes ein Still-Werden, Zur-Ruhe-Kommen. Niemand schafft es in der Regel besser als die stillende Mutter, das Kind zu beruhigen. Ist ja auch kein Wunder. Die Mama ist für ein Kind die einzige Konstante in einer Gleichung voller Unbekannten. Wir kennen diese Kinder schon neun Monate länger – und sie uns auch. Das ist durch andere nur schwer aufzuholen.

Stillen ist Nähe, Ausruhen im sicheren Hafen. Es sind

Momente perfekten Glücks. Wenn dich nachts aus dem Dunkel des Zimmers zwei Kinderaugen ansehen und auch eine halbe Stunde lang keine Sekunde den Blick abwenden, während dieses Kind unaufhörlich trinkt, dann sind das Sternstunden zwischen Mutter und Kind. Nicht umsonst schüttet der Körper der Mutter einen ganzen Cocktail an Glückshormonen dabei aus.

Ich musste selbst erst das dritte Kind bekommen, um diese Stille in der Nacht genießen zu lernen. Vorher wachte ich immer mit vollem Adrenalinschlag auf, wenn nachts ein Kind rief oder weinte. Das Muttertier in Alarmbereitschaft. Ab dem dritten wurde es eine gute Routine. Die Ruhe kehrte auf vielen Ebenen ein.

Die steigende Kinderzahl ließ tagsüber nicht viel Ruhe zwischen Baby drei und seiner Mama zu. Immer waren Geschwisterkinder um uns herum, die gerade dann auch besonders liebesbedürftig wurden und sich um uns versammelten, kuschelten, drängten. Und so nahmen wir uns nachts Zeit für unsere Zweisamkeit, die wir beide brauchten.

Ich kann es nicht in Worte fassen, wie viel Gegenwärtigkeit aus den Augen eines Kindes spricht, das dich einfach nur lange ruhig ansieht, während es all die Nähe und Liebe, die es als Tagesdosis braucht, im wahrsten Sinne aus einem saugt.

Wenn man begreift, was Stillen sein kann, versteht man auch, warum im nationalsozialistischen Mutter-Kind-Ratgeber der Stillvorgang reglementiert wurde. Bitte nicht zu lang und nur im klar strukturierten Vier-Stunden-Rhythmus. Sonst drohen ja Mutter und Kind eine Bindung aufzubauen, und das war ja der Punkt, den es zu vermeiden galt. Schließlich ging es um willigen Nachwuchs für den Führer und nicht um beziehungsstarke Originale.

Heute lesen wir von berufstätigen Müttern, die sich zum Stillen ihrer Kinder, die sie sich ins Büro bringen lassen, auf Toiletten verstecken. Wir lesen von abgepumpter Milch, die eingefroren wird, um sie portionsweise vom Vater oder dem Kindermädchen wieder auftauen zu lassen. Wir nennen es Fortschritt, dass Frau nicht mehr stillen muss. Niemand fragt, was ihr und dem Kind dabei entgeht.

Immer wenn man in Deutschland darüber redet, dass es doch gut wäre, wenn wir Frauen dazu bewegen könnten, mehr Kinder zu bekommen, fällt irgendwann der Begriff der «Gebärmaschinen». Zu dem werden Frauen also gemacht, wahlweise durch die katholische Kirche, die CSU oder auch von jedem, der das Kinderkriegen fördern will. So sicher wie das Amen in der Kirche startet dann irgendjemand reflexartig die ganze Mutterkreuz-Debatte, mit der Frage, ob wir wieder Kinder für das deutsche Volk gebären lassen wollen – und der ganze Müll.

Es ist in Wahrheit ganz anders. Wer darauf abzielt, dass Frauen einfach nur Kinder bekommen sollen, um sie schnellstmöglich irgendwohin weiterzureichen, der behandelt Frauen wie Brutkästen. Da wird die Schwangerschaft zum notwendigen Übel, zur medizinisch erforderlichen Übergangsstation, die den Produktionsprozess in der Wirtschaft leider immer wieder stört. Wer Mutterschaft auf den kleinsten gemeinsamen Nenner minimieren will, damit die Mütter möglichst schnell wieder dem Arbeitsmarkt zur Verfügung stehen, der reduziert doch die Frau auf nichts weiter als eine «Gebärmaschine», die das fertige Produkt doch nun bitte abwerfen soll, damit es dann am Fließband endlich weitergeht.

Es scheint, als sei der Mutterbauch wirklich noch die einzige Enklave, wo ein Kind dem Zugriff des Staates entzogen ist. Was für ein herrlich altmodischer Evolutionsprozess, der Wirtschaftsexperten sicher in den Wahnsinn treibt. Aber ich bin sicher, die Mediziner arbeiten daran, uns Mütter zu ersetzen und den Vorgang endlich zu optimieren. Es ist nichts als Kapitalismus pur. Die Gebärmutter reduziert auf ihre Funktionalität im Produktionsprozess. Schwangerschaft als Hindernis für lückenlose Erwerbslebensläufe.

Fehlt eigentlich nur noch, dass wir Schwangerschaften gesetzlich auf sechs Monate verkürzen. Neun Monate – was für eine Zeitverschwendung! Dass das den Ökonomen nicht längst selbst eingefallen ist. Drei Monate mehr für die Wertschöpfungskette auf dem mütterlichen Arbeitsmarkt. Die Frühchen bekommen wir doch auch so groß. Von einem Brutkasten einfach in den nächsten, dann nahtlos weiter in die Krippe, Kita, Turbo-Abitur, schnell einen Bachelor, ein unbezahltes Praktikum und dann ein Job im Mindestlohn. Fertig. Wer aufmuckt, wird mit Ritalin ruhiggestellt.

Viel und tiefgreifend wurde über die Probleme der vaterlosen Gesellschaft geschrieben, wir betreten nun die Ära der mutterlosen. Damit wären alle Wurzeln im Kreislauf des Lebens gekappt. Never touch a running system? Wir sind längst unter die Räder gekommen. Und dennoch ist jeden Tag ein neuer Anfang möglich: ein Mann, eine Frau, ein Kind …

Kapitel 10
Früher war die Mutter sicher

Preisfrage: Wer ist die Mutter, wenn ein Kind durch eine Samenspende und eine Eizellspende im Reagenzglas gezeugt, anschließend von einer indischen Leihmutter ausgetragen und danach von zwei amerikanischen Lesben adoptiert wird? Im globalen Kontext bereits heute ein absolut legales Vorgehen.

Wer also ist die Mutter? Nun hatten die Väter dieser Welt schon immer ein kleines Unsicherheitsproblem, ob das Kind denn nun tatsächlich «ihres» ist, aber zumindest galt die letzten Jahrtausende der alte lateinische Grundsatz: *mater semper certa est* – die Mutter ist immer sicher. Dank der Möglichkeiten moderner Reproduktionsmedizin wird diese Lebensweisheit allerdings gerade auf den Müllhaufen der Geschichte entsorgt.

Im Beispiel oben sind bereits vier potenzielle Mütter beteiligt, die Anspruch auf das Kind erheben könnten. Wer bekommt den Strauß zum Muttertag? Bertold Brechts «Augsburger Kreidekreis» muss erweitert werden, denn es rangeln noch mehr Mütter um ihn herum. Wem gehört dieses Kind?

Der Eizellspenderin? Es ist ja nun zweifelsfrei und nachweislich ihr Genmaterial, das hier fortgepflanzt wird. Das Kind stammt von ihr ab. Blutslinie. Oder doch der Leihmutter? Dieser leibhaftige Brutkasten, in dessen Bauch das Kind doch erst lebensfähig wurde und aus deren Körper dieses Kind geboren wurde. Ohne Brutkasten kein Kind.

Oder doch lieber den beiden sexuell vielfältigen, aber fruchtlosen Adoptionsdamen, schließlich haben sie einen Vertrag in der Hand, der ihnen juristisch die Mutterschaft zusichert. *Pacta sunt servanda.* Verträge sind einzuhalten. Vertrag ist Vertrag. Auch so ein lateinischer Grundsatz. Und schließlich haben sie doch viel Geld bezahlt, gilt denn das nichts? Für Streber noch die Zusatzfrage: Wenn die lesbischen Damen sich trennen, welche bleibt dann die Mutter?

Ein Mann, eine Frau, ein Kind? Heute kann man dank medizinischem Fortschritt froh sein, wenn am Ende des «Produktionsprozesses Kind» überhaupt noch die Notwendigkeit für eine Frau als Mutter im Konsens bleibt. Seit all die selbsternannten Gender-Experten in ihren Stuhlkreisen beschlossen haben, dass das Mutterdasein ja nichts weiter als nur eine konstruierte Rolle sein soll, ist der muntere Rollentausch Teil des bunten Familien-Happenings geworden.

Und sagte nicht schon Shakespeare in *As you like it (Wie es euch gefällt):* «All the world's a stage, and all the men and women merely players»? Das ganze Leben ist nur ein großes Schauspiel.

Man müsste an den Türen der Gender-Seminare «Keine

Sorge, die wollen nur spielen»-Schilder anbringen. Denn da werden munter Rollen getauscht und auch dort bis zur Unkenntlichkeit des Spiels Mütter und Väter gefunden, wo vorher gar keine waren. Doch leider ist das kein Spiel, sondern bitterer Ernst.

Es ist ein Krieg entbrannt gegen die Mutterschaft, und die Mittel sind perfide geworden. Die ersten Opfer sind jedoch dieselben wie bei allen Kriegen: Frauen und Kinder. Mutterschaft? Nur noch eine Frage der Selbstdefinition. Wer sagt denn, dass unbedingt die Gebärende anschließend die Mutter sein soll? Kann sie nicht auch die Vaterrolle einnehmen und der Mann die Mutterrolle? Wir wollen ja schließlich auch keinem Mann den Zugang zu seiner Weiblichkeit verwehren, er leidet doch schon genug darunter, dass in seinem Bauch partout kein Baby wachsen will.

Gebär-Neid ist ja auch eine ganz traurige Geschichte. Längst sind die passenden Kinderbücher dazu auf dem Markt, die es mit freundlicher Unterstützung so mancher berufstoleranten Landesregierungen bereits auf Empfehlungslisten für Kindergarten-Bildung geschafft haben. In manchen geht es ganz ohne Mami. Wie etwa in dem Buch darüber, «wie Lotta geboren wurde»[26]. Nämlich in der «Babyhöhle» ihres Papas.

Papas können nämlich auch Kinder kriegen, so fröhlich absurd werden Fakten für Kinder hier auf den Kopf gestellt. Fake News schon für Zweijährige. Denn sie sollen dringend

Transgeschlechtlichkeit kennen lernen, die ganz auf Weiblichkeit verzichten kann.

Nun ist die Babyhöhle von diesem Papa natürlich nichts anderes als eine weibliche Gebärmutter und dieser Papa nichts anderes als ein biologisch eindeutig weiblicher Mensch, eine biologische Frau. Aber dann könnte man die Kinder doch nicht so schön verwirren, wenn man sagen würde, wie es ist: Nur weil eine Frau beschließt, sich wie ein Mann zu kleiden und als Mann zu leben, wird sie nicht zum Mann. Und Kinder kriegen können nur Frauen. Punkt.

Jeder kann offenbar neuerdings Mutter sein, wenn er es nur ganz doll will – oder dafür bezahlt wird. Das ist zudem praktisch, denn dann kann auch die Nanny die Mutterrolle zwischen 9 und 17 Uhr ausfüllen. Schließlich wissen wir doch: Kindern ist es völlig egal, wer sie großzieht, oder? Wehe, du beschwerst dich, Kind! Vielleicht kann die Nanny stundenweise auch die Vaterrolle ausfüllen, wir wissen doch, wie wichtig die Väter für die Kinder sind. Kostet dann aber extra.

Und wieso sollte es überhaupt nur eine Mama geben für ein Kind, wenn es doch auch viele geben könnte? Und viele Papas. *Co-Parenting* nennt sich das dazu erfundene höchst moderne Familienmodell. In den Niederlanden arbeitet eine emanzipatorisch besonders versierte Regierung bereits daran, hierfür auch eine gültige Rechtsform zu finden.

Bei den Grünen in Deutschland haben wir dafür auch

schon seit Jahren ein Konzept in der Schublade, es nennt sich die «soziale Elternschaft». Bis zu vier Menschen könnten sich dann legal nach diesem Konzept als «Eltern» eines Kindes eintragen lassen. Wieso eigentlich nur vier? Haben die die Zahl gewürfelt? Vielfalt ist doch unendlich, und die Polygamisten sollten doch nun wirklich nicht weiter diskriminiert werden.

Analog zum Konzept der «Ehe für alle» gibt es jetzt auch «Kinder für alle». Jeder, der ein Elternteil sein will, soll es auch sein dürfen.

Logisch, wenn Geschlecht im Sinne der Gender-Theorie nur eine soziale Konstruktion ist, dann ist es nur konsequent, dass Elternschaft auch nur eine Frage der Perspektive darstellt. Das Pippi-Langstrumpf-Prinzip muss ja nicht bei unserer eigenen Geschlechterdefinition Halt machen. Wenn ich mir die Welt schon so mache, wie sie mir gefällt, dann soll doch bitteschön meine Biologie nicht meine potenzielle Elternschaft eingrenzen.

Die Natur ist ja auch so diskriminierend zu den Menschen. Man sollte sie wirklich dringend verbieten. Immer noch fordert sie einen biologisch eindeutigen Mann und eine biologisch eindeutige Frau und auch nur einen Mann und nur eine Frau zur Zeugung eines Kindes und verweigert sich damit allen neuen Erkenntnissen zu «sozialer Elternschaft». Dabei haben die beim *Co-Parenting* doch so eine tolle Lösung gefunden.

Besonders beliebt ist das Modell, bei dem sich zwei Schwule und zwei Lesben zusammentun und mit vereinten Kräften und Genmaterial ein Kind zeugen. Die Beaufsichtigung des Nachwuchses wird anschließend partnerschaftlich vertraglich aufgeteilt. Eine Woche bei den Muttis, eine Woche bei den Papis, immer schön abwechselnd, zwei Wohnsitze, zwei Kinderzimmer.

Im Internet existieren bereits Online-Plattformen, wo sich Samenspendenwillige und potenzielle Brutkästen zusammenfinden können, um emotionslos Kinder zu zeugen. Beziehungen sind ja auch so anstrengend. Wozu der ganze Stress, man will ja nur ein Kind. Keine Zeitung, die nicht schon von diesem wunderbaren neuen Familienmodell berichtet hat.

Dem Sohn mache das nichts aus mit dem regelmäßigen Wechsel, er habe sich daran gewöhnt, lese ich das Zitat von einem dieser «Väter» in der Zeitung. Oder hat er eine Mutterrolle in Teilzeit, wenn der Junge gerade da ist?

Man liest es, und es bleibt nur die Frage: Glaubt er das selbst? Was hier geschieht, ist nicht mehr und nicht weniger, als einem Kind die Erfahrung zu rauben, in einer ganz normalen Familie groß zu werden. Falls man sie noch so bezeichnen darf. Inzwischen wird man reflexartig schnell am politisch rechten Rand einsortiert, wenn man Vater, Mutter, Kind, also die biologisch einzig mögliche und zudem natürliche Variante zur Zeugung eines Kindes, für normal hält.

Würden wir uns das übrigens als Erwachsene bieten lassen? Dass jemand entscheidet, dass wir fortan in zwei unterschiedlichen Wohnungen zu leben hätten mit zwei unterschiedlichen Familien und unseren Lebensmittelpunkt wöchentlich wechseln sollen? Weil das so schön ist und uns bereichert?

Was hier unter «Co-Parenting» als schöne, neue bunte Familienwelt medial gehypt wird, ist in Wahrheit die Degradierung des Kindes zum Objekt. Wir teilen uns ein Kind. Es gehört uns. Wir haben uns die Rechte erworben. Jeder bekommt seinen fairen Anteil, jeder trägt einen Teil der Kosten. In Großstädten kann man das auch mit Autos machen. Das nennt sich dann «Car-Sharing». Hier machen Erwachsene «Child-Sharing». Superpraktisch, man braucht gar keinen Babysitter, wenn man mal kinderfrei in den Urlaub will oder ins Kino. Man lässt das Kind dann einfach in der anderen Wohnung bei den anderen «Eltern».

Ich kotze gleich. Wir gewöhnen uns gerade daran, Kinder als eine Art Handelsware auf dem Verschiebebahnhof der Menschheit zu behandeln. Man kann nicht nur ein Halbtagskind haben, es entwürdigt das Kind. Wie sollen aus Halbtagskindern ganze Persönlichkeiten werden? Wir sind ja auch nicht nur Teilzeitschwangere. Und auch keine Teilzeitmütter. Ganz – oder gar nicht.

Wer ein Kind in seinem Bauch gespürt hat, wer es geboren hat, wer in Kinderaugen gesehen hat, die Generationslinien spiegeln, der weiß, dass Mutterschaft nicht teilbar ist. Nicht für Mütter und im Übrigen auch nicht für Kinder.

«Meine Mama», wie oft habe ich das in den vergangenen Jahren von meinen eigenen Kindern gehört. Einfach nur *«Meine Mama»* und dazu ein Kind, das sich an einem Hosenbein festklammert, das seine Ärmchen um deinen Hals wickelt und wild entschlossen ist, selbst gegen die berechtigten Ansprüche seiner eigenen Geschwister, dies eine zu verteidigen: «*Meine* Mama». *Eine* und *meine*.

Wir wissen, dass selbst gut behütete Adoptivkinder, die in liebevollen Elternhäusern groß werden, meistens in der Pubertät irgendwann auf die Suche gehen nach ihren leiblichen Eltern. Nach dieser Frau oder diesem Mann, von dem sie abstammen. Sie lieben die Eltern, die sie großgezogen haben, und doch zieht es sie, jene kennen zu lernen, von denen sie abstammen. Es ist nicht rational. Es ist. Oft dringend und unstillbar.

Das Wissen um die eigene Herkunft ist ein elementares Bedürfnis jedes Menschen.

Als in Deutschland einst über die Einführung der sogenannten «Babyklappen» diskutiert wurde, zählte dieses Recht von Kindern noch etwas. Damals argumentierten die Gegner dieser Einrichtungen, Babyklappen, in welche Mütter ihre Neugeborenen in einer Notsituation einfach anonym hineinlegen können, anstatt sie irgendwo möglicherweise in der Kälte auszusetzen, würden es dem Kind unmöglich machen, später zu erfahren, von wem es abstamme. Mit demselben Argument war man auch gegen die Ermöglichung von anonymen Geburten in Kliniken.

Gerade setzen wir uns aber neuerdings über die Bedürfnisse der Kinder und über das Kindswohl hinweg, um den Wunsch von Erwachsenen nach einem Kind zu befriedigen.

Das Muttersein wird gerade von der biologischen Abstammung abgekoppelt und zu einem Spielball menschlicher Interessen und vertraglicher Vereinbarungen gemacht. Vor allem aber: zu einer Frage von ziemlich viel Geld. Kinder sind zu einem Geschäft geworden. Das Gebären zu einer Dienstleistung. «Reproduktions-Arbeit» nennen es die aufgeklärten Gender-Experten der Neuzeit.

Willkommen im Dienstleistungszeitalter. Die Prostituierte ist jetzt «Sex-Arbeiterin» und die Leihmutter eine «Reproduktions-Arbeiterin». Ein weiterer konsequenter Schritt bei der Umwandlung von Familie zu einem sozialversicherungspflichtigen Dienstleistungsunternehmen in der Care-Arbeits-Branche.

Beutete man bisher nur die Sexualität von Frauen aus, ist jetzt die Fruchtbarkeit dran. Es fehlte bislang einfach nur das positive «Wording». Den Damen vom Strich haben wir inzwischen bei der Gewerkschaft «verdi» eine eigene Arbeitsgruppe eingerichtet. Die Leihmütter weltweit haben da weniger Unterstützung, denn ihre «Arbeit» soll ja nicht geschätzt, sondern nur «aus-genutzt» werden.

Das Geschäft der Ausbeutung der Frau ist geblieben, die Farbgebung der Zuhälter hat sich nur gewandelt. Heute muss man sich dafür nicht mehr im schmuddeligen Rotlicht-Milieu tummeln, man ist jetzt Halbgott in Weiß. Kein halbseidenes Geschäft mehr, sondern ein ehrbarer Beruf mit Hochglanzmagazin und hübschen Kliniken.

Man sagt den Kunden, die Leihmütter in Indien und Thailand machten das freiwillig und würden gut bezahlt. Sie würden mit dem Geld wunderbar ihre Familie ernähren und die Schulbildung ihrer eigenen Kinder bezahlen können. Was es mit einer Frau macht, wenn sie eines ihrer Kinder verkauft, um die restlichen zu ernähren, darüber lesen wir nichts.

Wie viel der eigenen Seele verkauft man als Mutter dabei mit? Stattdessen rührende Geschichten über knuddelige Babys.

«Ich bin der Vater und die Mutter», konnten wir vor einer Weile vielzitiert in den Medien lesen. Die Aussage stammte nicht von einem bedauernswerten Verwirrten, sondern von Nicolas Berggruen. Früher bekam man mit solchen Aussagen einen guten Therapeuten empfohlen, heute bekommt man ein Kind oder auch zwei. Berggruen, früher bekannt als hoffnungsvoller Karstadt-Investor, kauft nämlich nicht nur Kaufhäuser, inzwischen ist er auch Besitzer, pardon: Vater, zweier Säuglinge.

Auf die Frage der Presse nach den Müttern der beiden Kinder war das seine Antwort: *Ich bin der Vater und die Mutter.*

Natürlich haben die Kinder biologische Mütter. Das sind die beiden Brutkästen, pardon: Leihmütter, in denen die beiden gekauften Eizellen jeweils gedeihen durften, bevor Herr Berggruen die fertigen Produkte abholte. Fremdgebärenlassen liegt voll im Trend.

Aber halt, wenn ein Mann sowohl Vater als auch Mutter sein kann, dann können das doch zwei Männer allemal, oder nicht? Im April 2016 bejubelten diverse Homosexuellenverbände, dass das Baby «Carmen» endlich «nach Hause» darf oder zumindest dorthin, wo ihre beiden «Väter» zu Hause sind.[27]

Die kleine Carmen ist ein thailändisches Baby, gezeugt mit einer Eizellspende und dem Samen eines schwulen Amerikaners, gewachsen im Bauch einer thailändischen Leihmutter. Nach fünfzehn Monaten Rechtsstreit hatte ein Familiengericht in Bangkok dem schwulen Paar aus den USA nun das Sorgerecht zugesprochen. *Pacta sunt servanda*, wen interessiert schon der Brutkasten?

Die Leihmutter hatte nämlich etwas getan, das in der schönen neuen Kinderzeugungswelt nicht vorgesehen ist: Sie wollte das Kind trotz Vertrag nach der Geburt lieber behalten und nicht mehr hergeben. Das Gericht sieht das anders und hat ihr das Kind, das in ihrem eigenen Bauch gewachsen ist und das sie selbst geboren hat, entrissen. Vertrag ist Vertrag, und die Ware muss auf den neuen Besitzer übergehen.

Es ist möglicherweise die perfideste Art der Degradierung der Mutter, dass man sie jederzeit durch egal wen, auch durch zwei Männer, als ersetzbar erklärt.

Es ist gruselig, was wir da machen: Wir wissen heute, dass Kinder im Mutterleib viel mehr als Fruchtwasser aufsaugen, dass sie bereits ihre ganze Umwelt intensiv wahrnehmen. Sie kennen die Stimme ihrer Mutter, auch die des Vaters oder gar der Geschwister, die draußen warten und um sie herum leben. Damit haben sie schon eine Idee von ihrer Muttersprache, von Satzstruktur und Satzmelodie, von dem Kulturkreis, in den sie hineingeboren werden. Sie schmecken über das Fruchtwasser selbst die Aromen des Essens, das es später mit dem Löffel geben wird.

Eine ganze Zunft von Forschern beschäftigt sich mit der Frage, wie man schon im Mutterleib ein Kind fördern kann. Wir haben Gesetze, die werdende Mütter vor Stress bewahren sollen, denn wir wissen, der erlebte Stress der Mutter kommt beim Kind an. Sie sind eine Symbiose. Neun Monate lang eins. Und dann kommen die Kinder auf die Welt, und wir erlauben, dass sie einfach einem Fremden in die Hand gedrückt werden. Wir erlauben, dass einem wehrlosen Kind das Einzige weggenommen wird, was es wirklich kennt: seine Mama. Sein Zuhause. Seine elementare Bindung.

Ich will mich an diese Art von «Modernität» und «Vielfalt von Familienformen» nicht gewöhnen.

Nicht der Vatikan und auch nicht konservative Familienpolitik machen Frauen zu Brutkästen, es ist die Gender-Lobby. Die Frau wird reduziert auf ihre Funktionalität als Gebärmaschine. Das Kind reduziert zur Ware. Ich kauf mir ein Kind. Wie ein Auto aus Übersee. Wo ist der Unterschied? Beide werden im Katalog aus Extras zusammengestellt, produziert, bezahlt und abgeholt. Es ist die moderne Form von Menschenhandel, und niemand regt sich auf.

Die feministischen Schwestern sind allesamt in Deckung, schließlich ist es auch ein gar zu peinliches Dilemma. Eigentlich müsste jede Frauenrechtlerin, die etwas auf sich hält, angesichts einer Frau, der zwei Männer das Kind quasi aus den Armen reißen, sofort auf den Barrikaden sein, doch man schweigt, denn es sind Schwule. Das politisch korrekte Opfer-Kollektiv gebietet hier zu schweigen. Und Lesben tun es ja auch. Selbst heterosexuelle Frauen tun es.

Immer wieder lesen wir von Promi-Frauen, die ihre hübschen Figuren nicht mit Schwangerschaften ruinieren, sondern während der Fremdschwangerschaft lieber weiter am Film-Set arbeiten. Wie soll man da noch argumentieren, wenn diejenigen, mit denen man sich verschwestert hat, die eigene Opfergruppe ausbeuten? Da muss man dann Prioritäten setzen. Und die gehen wie üblich auf Kosten anderer Frauen und in diesem Fall auch der Kinder.

Kämpfte man vor zwei Jahrzehnten noch für das Recht, sich nicht fortzupflanzen, sprich für Abtreibung, kämpft man heute für das Recht auf ein Kind für jeden. Auch für diejenigen, die sich biologisch gar nicht fortpflanzen können. Und ganz nebenbei nimmt man der Frau ihre ureigene Domäne aus der Hand: die Fähigkeit, Leben weiterzureichen. Das größte Potenzial, das ihr geschenkt wurde. Auf der Strecke bleibt die gebärende Frau, die Mutter. Insofern allerdings ist es wieder einmal konsequent. Denn die Mutter stand noch nie unter dem Schutz des Feminismus.

Auf dem weltweiten Markt ist es illegal, Organe zu verkaufen. Das gilt, obwohl der Bedarf im reichen Westen dringend nach Ersatzteil-Material verlangt. Es gilt als unethisch, anderen Menschen eine Niere abzukaufen, weil wir uns einig sind, dass es höchstwahrscheinlich das Ausnutzen ihrer finanziellen Notlage wäre, selbst wenn diese Menschen das angeblich «freiwillig» tun würden. Eine Niere zu kaufen ist illegal. Ein ganzes Kind zu kaufen ist dagegen heute auf dem weltweiten Markt legal. Ich will das nicht verstehen müssen. Es ist entwürdigend.

Thailand hat inzwischen gesetzlich nachgerüstet, um den Baby-Handel einzudämmen. Der Fall der kleinen Carmen hat dazu beigetragen, aber auch der Japaner, der sich gleich sechzehn Kinder bei thailändischen Frauen geordert hatte. Böse Worte wie «Baby-Fabrik» machten die Runde. Aber auch unschöne Geschichten wie die des australischen Paares, das die bestellten Zwillinge nicht komplett abholen wollte. Das eine Kind hatte, um im Automobil-Jargon zu bleiben, einen «Material-Fehler», das Down-Syndrom. Und man hatte doch gesunde Knuddel-Babys bestellt.

Wenn das Geschäft um die Leihmutterschaft etwas zeigt, dann vor allem dies: Das Bedürfnis, sich fortzupflanzen, steckt als Trieb tief in uns. Man treibt es uns als Frauen nicht aus. Und auch Männer sind davon gefangen.

«Warum adoptiert ihr nicht einfach ein Kind?», fragte ich erst kürzlich einen schwulen Freund, der gerade mit seinem Partner in den USA zwei Kinder bei einer Leihmutter in Auftrag gegeben hat. International wäre das kein Problem. Ich finde es zwar auch nicht gut, dem Kind auf dem Weg der Adoption eine Mutter bewusst vorzuenthalten. Das Brutkastenprinzip aber finde ich noch schlimmer, weil man sogar zeugen lässt, ohne jemals eine Mutter einzukalkulieren.

Nun – er will nicht irgendein Kind. Er will *sein* Kind. Auch der schwule Mann will seine Gene streuen. Die meisten von uns wollen Kinder, auch diejenigen, die aus den unterschiedlichsten Gründen auf natürlichem Weg keines zeugen können in der Beziehungskonstellation oder in der Beziehungslosigkeit, in der sie ihr Leben verbringen. Wir wollen Kinder, aber so vieles andere auch. Man sagt uns doch auch, dass wir das wollen. Den Konsum, das Geld, den Ruhm, die nächste Beförderung. Du willst es doch auch.

Und damit bleibt das Dilemma der Frage: Wie schaffen wir es, einerseits diesem Wunsch nach Kindern nachzukommen, aber dennoch die Erwartungshaltung der Gesellschaft zu erfüllen, als Frau ganz brav emanzipiert auch unserer Ausbeutung auf dem Arbeitsmarkt nicht länger selbst im Weg zu stehen?

Man könnte auch sagen: Wie bekommt die Gesellschaft endlich diese Frauen in den Griff, die von der Angst geplagt werden, es könnte zu spät sein, wenn sie noch lange mit dem Kinderkriegen warten? Die drohen, vom genormten Lebenslauf als Arbeitsbienchen abzuweichen, weil sie sich den irrationalen Kinderwünschen hingeben wollen?

Genau an diesem Punkt kommt wieder der moderne Segen der Reproduktionsmedizin um die Ecke und verkauft uns eine neue Lösung. «Social Freezing» heißt die Rettung der Karrierefrau, die ihren Drang nach Fortpflanzung nicht ad acta legen, aber zumindest die biologische Uhr austricksen will. Die Natur ist nämlich erbarmungslos.

Während der Mann durchaus auch jenseits der fünfzig noch Nachwuchs zeugen kann, ist die Frau in diesem Alter bereits in die biologische Fortpflanzungssackgasse eingebogen. Selbst die Möglichkeiten der künstlichen Befruchtung geraten dann an ihre Grenzen, denn es gilt: Je jünger die befruchtete Eizelle, umso höher die Erfolgschance dieser Prozedur. Alte Eier taugen nichts.

Und klingt es nicht auch großartig? Social Freezing – ein ganz soziales Einfrieren unserer Eizellen in jungen Jahren, damit wir dann später, wenn wir keine Lust mehr auf Karriere haben, unsere eigenen Eizellen wieder auftauen und befruchten lassen können. Geht auch mit Spendersamen, falls wir vor lauter Karriere keine Zeit hatten, nach einem paarungswilligen Männchen zu suchen.

Fortschrittliche Unternehmen in den USA bezahlen ihren Mitarbeiterinnen neuerdings diese «soziale» Leistung. Ab sofort gibt es nicht nur das Handy, den Dienstwagen und den firmeneigenen Fitnessraum als Extra dazu, sondern auch eingefrorene Lebenspotenziale. Hinausgeschobenes Familienglück. Späte Mutterschaftsoption. Wenn man uns schon nicht davon abbekommt, Mutter sein zu wollen, kann man uns doch wenigstens in der Illusion wiegen, wir hätten auch später noch Zeit dazu.

Früher legten wir unsere Karrieren auf Eis, um Kinder zu kriegen, heute legen wir die Kinder auf Eis, um Karriere zu machen. Ist das nicht großartig?

Nein, ist es nicht. Es ist Geschäftemacherei mit den Gefühlen, den Sehnsüchten und den Ängsten von Frauen. Man verkauft es uns mal wieder als Freiheit.

Freu dich doch, Mädchen, endlich musst du dir keine Sorgen mehr wegen deines biologischen Verfallsdatums machen, du kannst doch später noch Mutter werden. Schenk doch bitte erst mal die besten Jahre deines Lebens deiner Firma, und sie schenkt dir den Kühlschrank für deine Kinder. Und dann später, wenn du uns zu alt bist, weil wir viel billiger die naiven Bachelor-Absolventinnen frisch von der Uni weg einstellen, dann kannst du deine Eier zurückhaben, und wir hoffen alle ganz doll, dass es dann noch klappt mit der künstlichen Befruchtung.

Ach so, nein. Das sagt man den Frauen nicht. Dass die Erfolgsquote hier nur noch bei 25 Prozent liegt. Das wäre ja auch zu ehrlich. Man sagt ihnen auch nicht, was das möglicherweise kosten wird. Bei uns in Deutschland zahlen die Krankenkassen die ersten drei Befruchtungsversuche. Bei vielen reicht das nicht, und danach wird es teuer.

Die ersten Reproduktionsmediziner fordern nun, man möge doch bitte den Frauen mehr als drei Versuche bezahlen. Unfruchtbarkeit sei schließlich eine Krankheit. Das sei so, als würde man einem Patienten die Krebsbehandlung verweigern, die würden wir doch auch zahlen, argumentierte einer dieser Herren, der damit sein Geld verdient, in den Medien.

Ach ja, ist das so? Verweigern wir Behandlung, wenn wir Frauen irgendwann sagen: Ab sofort ist es dein Problem? Ist Kinderlosigkeit eine Krankheit, die man behandeln muss? Ist es noch Aufgabe der Solidargemeinschaft, Frauen den Mutterstatus zu finanzieren, den sie selbst mutwillig manchmal jahrzehntelang bewusst verhindert haben, wohl wissend, dass sie anschließend in einem Alter sind, in dem sie nur noch mit medizinischer Hilfe Mutter werden können? Kinderlosigkeit kann ein hartes Schicksal sein. Das Bewusstsein, es selbst verursacht zu haben, vermutlich noch härter.

Was wir als Frauen bislang also selbst steuern konnten mit

der Frage, wem wir uns schenken und von wem wir uns befruchten lassen, mit Spaß statt mit Hormoncocktail und in einem Alter, in dem es in der Regel ohne fremde Hilfe klappt, lassen wir uns hier aus der Hand nehmen. Und wieder sagt man, man befreie uns.

Lauft, Frauen, lauft. Ihr werdet nicht befreit, ihr werdet eingefangen.

Kapitel 11
Kontaktreiche Beziehungsarmut

«Tanzen, vögeln, sich frei machen» – so betitelte Anfang des Jahres das Freizeit-Magazin «tip Berlin» den Bericht über einen neuen Szene-Trend in der Stadt, die ja bekanntlich arm, aber sexy ist. Ein Selbsterfahrungsbericht einer Autorin über eine neue Form von Sex-Partys in den Clubs der Stadt, die ein junges, internationales Publikum anzögen. Kein Wunder, schließlich kann man dort «einfach nur tanzen oder mit vielen ficken».[28]

Na, wenn das nicht super klingt. Die Veranstalter nennen es «sex-positive Partys». Der Name ist Konzept. Das Prinzip einfach zu merken: Zieh an der Garderobe so viel wie möglich aus, und lass dich anschließend treiben, anfassen oder auch vögeln. Kann man sich auch mit viel Alkohol und unter Drogen merken, möglicherweise ist das für den Abend sogar hilfreich.

Es sei ein offenes Geheimnis, sagt die Autorin, dass auch jede Menge Drogen auf Partys wie diesen ihren Teil dazu beitragen, dass manche Gesichter besonders hell strahlen. Unterschiedliche Räume, mit unterschiedlicher Musik. «Wer tiefer eintauchen will, wagt sich auch in die dunklen, kleineren

Räume. Die, in denen keine Musik, sondern nur leises Stöhnen und das Aufeinanderklatschen nackter Körper zu hören ist. Teilweise sind hier ganze Massen von Körpern ineinander verschlungen.»

Sex mit Fremden, der Blowjob gleich neben der Tanzfläche. Ein Club mit Motto-Party hat es der Autorin besonders angetan, die Location sei ideal, «um halb versteckt, halb öffentlich Finger zwischen Beinen und Zungen in drei verschiedenen Mündern verschwinden zu lassen».

Nun gut, manche berichten, dass sie nicht immer den Überblick haben, wie viele Hände sich gerade auf ihrem Körper vergnügten. Aber hey, es geht hier schließlich um «Gemeinschaftsgefühl» und «Selbstbewusstsein», um «Vielfalt» und vor allem um Entspannung und Spaß.

Das Problem des Grabschens kennt man aber offenbar auch hier. Wie man unter diesen Umständen gerade für Frauen «sichere Räume» schafft, wenn alle gerade auf Drogen sind und hemmungslose Entgrenzung suchen, die Frauen selbst auch, darauf hat man auch in dieser Szene nicht wirklich eine Antwort, angesichts von Männern, die nicht erst höflich fragen, bevor sie ihre Finger in vorbeilaufende Köperöffnungen stecken. Man gibt sich aber ganz doll Mühe, das mit den Türstehern zu bewältigen.

Die sogenannte freie Liebe hat damit ein neues Verfallsstadium erreicht. Fremdgehen reicht nicht mehr, es muss öffentlich geschehen. Gruppensex hat längst seinen Reiz verloren, es muss jetzt schon mit Fremden sein. Alkohol reicht nicht, es braucht schon handfeste Drogen. Ein Sich-Verlieren in der Masse der Körper. Die Abstumpfung der Seelen schreitet unter den Bedingungen anonymer Wohlstandsverwahrlosung schneller voran. Immer mehr Sex, immer neue Partner. Meinen täglichen Kick gib mir heute.

Wenn wir nicht Mütter sein sollen, müssen wir als Frauen offensichtlich dringend anderweitig beschäftigt werden, sonst fangen wir an, nachzudenken. Um das zu vermeiden, darf das Leben möglichst keine Atempausen bieten und möglichst keine Leerstellen, in denen der Geist Luft holen kann und ihm auffallen könnte, dass ihm dieselbe gerade langsam aber sicher ausgeht.

Das Hamsterrad des Arbeitsmarktes gibt hier schon mal ein gutes Drehmoment vor. Und wer sich für den Job verzehrt, kommt sowieso nicht mehr zu vielen anderen Dingen. Zudem funktioniert das Belohnungssystem doch wunderbar:

Du hast einen Job, du bist jemand. Du verdienst Geld, machst etwas Richtiges. Gutes Mädchen! Hast dich emanzipiert, eine Karriere angetreten. Ohne Familie und Mann bist du auch viel flexibler einsetzbar. Wenn die Teilzeitmuttis nach Hause müssen, weil die Kita schließt, kannst du noch bis spät in die Nacht beweisen, dass du ambitioniert bist. Dass du noch was werden willst. Du beantwortest Mails auch am Wochenende und nachts, schließlich ist es ja dringend und die Firma braucht dich. Die zumindest. Und dann musst du auch nicht so viel nach Hause, wo sowieso niemand auf dich wartet.

Alles könnte so schön sein, wäre da nicht dieses dringende Bedürfnis nach körperlicher Nähe, das sich uns allen immer wieder aufdrängt. Die Sehnsucht danach, dass jemand zu Hause wartet, wenn wir erschöpft heimkommen. Oder zumindest nach einem warmen Körper, der nachts neben uns ruht.

Beziehungen sind allerdings bisweilen zeitaufwendig. Sie lassen sich nicht in «Quality-Time» pressen. «Schatz, ich hab gerade ein Zeitfenster von dreißig Minuten, lass uns doch mal unsere Ehe führen.» Besser vielleicht, wir haben alle einfach nur temporären Spaß miteinander. Das passt auch besser in den Kalender, und was bietet sich da besser an als hemmungsloser Sex? Den Trieb danach haben wir ja praktischerweise noch, die Natur will sich schließlich fortpflanzen.

Sex ist also gut. Nur die Gefahr der Fortpflanzung ist das Problem. So war es der Fortschritt der Verhütungsmittel, der uns befreien sollte vom Zwang des Gebärens. Spaß ohne Folgen. Das hat was, allerdings haben wir das Kind gleich mit dem Bade ausgeschüttet und in diesem Zuge auch gleich die Sexualität von festen Beziehungen gelöst.

Freie Liebe war das Stichwort der ersten sexuellen Revolution. Heute sind wir einen Schritt weiter. Wer sagt denn, dass man für Sex überhaupt noch Liebe braucht? Gefühle sind sehr *old school*. Sie binden, machen abhängig. Und wir wollen ja nicht in die Falle der Verantwortung tappen, sondern Spaß haben. Viel Spaß. Verlangen ist die Währung der Neuzeit. Egal mit wem, egal wann, egal mit wie vielen. Sex als Genussmittel, das wir konsumieren, egal wann, egal wie, egal wo und egal mit wie vielen.

Die Enthemmung ist Programm. Wir sind überladen mit sexuellen Reizen. Intime Details in Nachmittags-Talkshows, sexuelle Vielfalt schon als Unterrichtsstoff für Grundschüler, und im Drogeriemarkt liegen neuerdings Dildos neben der Cremeseife. Ist doch alles normal, wir sind ja schließlich nicht verklemmt, sondern modern und vor allem: sexuell vielfältig.

Und immer dann, wenn man denkt, alles über Sex zu wissen, findet man irgendwo eine ungelesene Frauenzeitschrift, die einen wieder auf Grundschulniveau zurückwirft. Nachdem man uns Frauen literarisch seit Jahren die Kunst der multiplen Orgasmen mit multiplen Partnern nahelegt oder uns mitteilt, wie wir wieder erotischen Schwung in unseren Alltag bringen können («Tragen Sie mal Strumpfhose ohne Höschen»), fiel mir jüngst die englische Ausgabe der «Cosmopolitan» in den Rücken mit der Warnung, mein sexueller Höhepunkt sei feministisch betrachtet in Anwesenheit eines Mannes sowieso nicht erstrebenswert, weil emanzipatorisch nicht unproblematisch.

Warum hat mir das niemand früher gesagt? Wie nun wissenschaftlich bewiesen wurde, erfreut sich der Mann nämlich an diesem Vorgang, schlimmer noch: Mein Orgasmus bestätigt ihn in seiner Männlichkeit.

Nun dachte ich Dummchen spontan, das sei eigentlich ganz klasse, wenn der Mann ein genauso großes, finales Interesse an meinem Orgasmus hat wie ich selbst. Dann arbeiten wir wenigstens simultan an der gleichen Sache. Aber da lag ich schon wieder falsch.

Lerne: Wenn ein Mann sich an meinem Anblick ergötzt, ist mein weiblicher Orgasmus kein feministischer Akt mehr, sondern stattdessen das Bedienen der Lust des Mannes. *Quod erat demonstrandum.* Wir wären wieder in der emanzipatorischen Steinzeit angelangt.

Interessant ist übrigens, dass niemand danach fragte, ob die Frau sich dadurch in ihrer Weiblichkeit bestätigt fühlt und ob das dann gut oder schlecht sei.

Die britische Feministin Sheila Jeffreys, Vorreiterin des «Lesbian Feminism», hat freilich schon lange die Antwort darauf: «Wenn eine Frau durch einen Mann zum Orgasmus kommt, kollaboriert sie lediglich mit dem patriarchalischen Unterdrückersystem. Sie erotisiert ihre eigene Unterdrückung.»

Und stammt nicht von der guten Alice bereits die Warnung, jede Penetration sei automatisch Gewalt? Frau steht also im Dilemma: Orgasmus oder Emanzipation.

Aktueller Stand gendergerechten Geschlechtsverkehrs scheint demnach: Ich soll zwar Orgasmen haben, dem Mann aber nicht die Genugtuung verschaffen, mich dabei zu beobachten, weil es ihm sonst auch gefällt. Vermutlich wäre es auch besser, es ist gar kein Mann beteiligt. Die selbstbestimmte Frau befriedigt sich selbst. Gut, dass wir darüber gesprochen haben, man kann ja als Frau auch so viel falsch machen.

Seit wir uns mehr in den Feuilletons statt in den Schlafzimmern mit der Sache beschäftigen, wird es immer problematischer statt freier mit der Sexualität. Nur die Sehnsüchte sind geblieben.

Man sagt uns, die sogenannte sexuelle Revolution habe uns gerade auch als Frauen befreit. Schon wieder. An jeder Straßenecke lauert neuerdings eine weitere Freiheit, der wir unbedingt in den nächsten Hauseingang folgen sollen. Endlich müssen wir also nicht mehr die passiven Weibchen sein. Die weibliche Lust soll leben. Wir müssen uns dafür weder schämen noch heiraten lassen. Wir dürfen uns unsere Sexualpartner aussuchen, wann und wo und wie viele auch immer.

Die Frau, die immer Lust hat, deren Sexualität nicht hingebend oder gar empfangend, sondern fordernd ist, hat nicht nur Fesseln gesprengt und Möglichkeiten für Frauen geöffnet, sie hat auch neue Standards geschaffen, an die nicht nur Männer nun glauben, sondern an denen sich Frauen neuerdings messen. Und messen lassen müssen. Wir sollen jetzt auch so sein als Frauen. Sexy, aggressiv, fordernd, unabhängig, allzeit bereit. Hat man uns nicht dafür die Verhütungsmittel gegeben? Es ist doch nur Sex. Ein bisschen Spaß. Tu es. Probier es aus. Stell dich nicht so an. Nimm alles mit. Du hast das Recht dazu.

Es war nur ein kurzer Weg vom sexuellen Tabu in die totale Freigabe. Als hätte er die Darkrooms der Berliner Clubs vor Augen gehabt, sprach schon Nietzsche einst von unseren wilden Hunden im Keller. Wir haben sie freigelassen. Auf uns selbst losgelassen. Wer dem Trieb in uns aber unvorbereitet die Ketten nimmt, raubt auch der ganzen Gesellschaft ein Stück Kultivierung. Es ist nur ein kurzer Weg vom *anything goes* zum *anything should be*. Ein Maßstab löst nur den nächsten ab. Die versprochene Freiheit entpuppt sich als seelenlose Fratze. Wir dürfen nicht nur, wir sollen jetzt auch.

In Huxleys *Brave New World* war die Auflösung der Monogamie, die Bespielung mit hemmungsloser Sexualität schon bei Kleinkindern einsetzend, allerdings kein Befreiungsakt, sondern ein Instrument zur menschlichen und gesellschaftlichen Zersetzung durch die Machthaber. Und wir sind auf dem besten Weg dorthin.

«Die Liebe der Zukunft schmeckt nach Silikon», dieser Satz drehte mir den Magen um, gelesen in einem Bericht über den digitalen Sex von morgen. Ich las über einsame

Männer in Japan, die mit digitalen Hologramm-Frauen zusammenleben in Ermangelung echter Beziehungen. «Miss Halo» kann bedauernde SMS schreiben, wenn er lange im Büro sitzen muss, und rechtzeitig zu Hause das Licht einschalten, bevor der Mann nach Hause kommt. Simuliertes Kümmern.

Im kalifornischen San Diego ist man weiter, dort entstehen Latex-Puppen: Die Form der Vagina und der Brüste kann im Katalog ausgewählt werden. «Miss Robot» ist lernfähig, kann sprechen, interagieren und via App auf die Bedürfnisse ihres Nutzers eingestellt werden. Egal, ob er auf oral steht oder chinesisches Essen. Simulierte Frau. Wofür noch die Mühen einer echten Beziehung, wenn ich eine Roboterfrau kriegen kann, die allzeit bereit ist und nie widerspricht?

«Streichelst mich mechanisch, völlig steril. Eiskalte Hand. Mir graut vor dir.» Herbert Grönemeyers Lied «Flugzeuge im Bauch» wird hier angesichts einer erkalteten Beziehung zur beklemmenden Zukunfts-Vision.

Ich las von Sexspielzeug, das digital synchrongeschaltet werden kann für «Sie» und «Ihn» in der Fernbeziehung. Liebesbriefe waren gestern. Ich las von Computerbrillen, mit deren Hilfe wir als Avatar in künstlichen Räumen uns selbst neu schaffen, bewegen und vögeln lassen können. Wir müssten dafür nicht einmal mehr real in den Club gehen. Simulierte Party auf der Couch.

Schöne neue Welt? Ich lese von Nutzern einschlägiger Sex-Dating-Portale, die eigentlich in festen Beziehungen leben, gleichzeitig aber nach ständig neuen Partnern Ausschau halten. Laut Umfrage suchen die bereits Liierten in der Dating-App «Tinder» vor allem nach einem: Bestätigung. Ich chatte, also bin ich.

Wir sammeln Likes, digitale Romanzen und sexuelle Abenteuer, um uns lebendig zu fühlen. Um überhaupt etwas zu spüren. So wie ein neugeborenes Kind sich erst durch die Berührung, die Beziehung, die Spiegelung in der Mutter selbst erlebt, selbst fühlt, bleiben wir offenbar ein Leben lang erwachsene Kinder auf der Suche nach genau dieser Resonanz.

«Das Ich wird am Du zum Ich», nennt der Pädagoge Martin Buber diesen Grundzug der Menschwerdung.

Und wenn wir nicht erwachsen werden, bleiben wir gefangen im ewigen Dilemma, alle und jeden haben, aber gleichzeitig auserwählt sein zu wollen. Ich kenne keinen einzigen Menschen, der sexuell betrachtet nur ein abgehakter Name auf einer Liste sein will. Wir suchen *the one and only*, den Seelenverwandten, das fehlende Stück. Und bekommen stattdessen den mathematischen Algorithmus, der uns Paarungsvorschläge macht, der Latexpuppen die richtigen Worte sprechen und Sexspielzeug die richtigen Bewegungen ausführen lässt. Sex aus der digitalen Dose.

«Wir leben heute in dem Paradox einer kontaktreichen Beziehungsarmut», sagte der Frankfurter Psychoanalytiker und Paartherapeut Michael Lukas Moeller. Die Resonanz, die wir suchen, will sich aber partout nicht einstellen. Das Höher-Schneller-Weiter hat auch die Beziehungswelt erreicht. Immer mehr Partner, immer schnellere Frequenzen, immer rastloser auf der Suche, nie ein Ankommen. Ineinander verschlungene Körper in dunklen Party-Kellern, die sich berühren, aber nicht nahekommen.

Ich lese nichts von Intimität in diesen schönen neuen Sexwelten. Nichts von Nähe, von tiefen Beziehungen. Nähe braucht Vertrauen. Vertrauen aber entsteht nur mit Zeit und durch Verlässlichkeit. Nähe ist der Antipol, die Ernte der Entschleunigung. Diejenigen, die Geschwindigkeit mit Fortschritt verwechseln, Dynamik mit Moderne und entsprechend schnellen Gelegenheitssex mit Beziehung, kommen nie dort an, wohin sie streben.

«Der technische Fortschritt vergrößert den Raum, verkürzt die Zeit und zerschlägt menschliche Gruppen», sagte der Philosoph Eugen Rosenstock-Huessy.[29] Und in der Tat: Unser Leben ist gehetzt, seltsam einsam, und unser Lebensraum ist verwirrend unendlich geworden.

Wenn der Exzess zur Norm wird, wird Normalität zur Exotik. Wohin diese Verwirrung führt, las ich dann zuletzt in einer Sonntagszeitung. Es war lächerlich und todtraurig zugleich. Auf einer ganzen Seite die Erfahrung einer jungen

Frau, die glaubt, sexuell unnormal zu sein. Die glaubt, anders zu sein als alle anderen, als die Mehrheit, als ihre Freundinnen oder diejenigen, die man doch sieht und von denen man doch liest. Die glaubt, bei ihr gäbe es ein Problem mit dem Sex, denn sie kann nur dann Lust empfinden, Spaß an Sex haben, wenn sie vorher eine emotionale Bindung zu dem Mann aufbauen kann. Sie will tatsächlich Gefühle. Vorher mit ihm reden.

«Sex will sie nur mit echten Beziehungen», stand da allen Ernstes in der Beschreibung dieser angeblich sexuellen Exotik. Im Internet habe sie dann Hilfe gefunden, ihr Phänomen heiße «Demisexuell». Ein Infokasten informiert. Endlich eine Schublade!

Es ist absurd. Man möchte das arme Ding in den Arm nehmen und ihr erklären, dass sie völlig normal ist. Dass nach diesem Maßstab die halbe Welt in Wahrheit «demisexuell» verharrt. Dass es nichts Absonderliches ist, wenn man als Frau gerne auch ein Gespräch mit einem Mann führt, bevor man sich ausziehen lässt. Dass sie verdammt noch mal absolut recht hat, wenn sie nicht eine mechanische Lustbefriedigung im Hausflur sucht, sondern Sex mit allen Sinnen, der einen emotional packt und an den Rand dessen bringt, wo man versteht, was damit gemeint ist, wenn zwei Menschen eins werden. Sich gegenseitig «erkennt», wie es ausgerechnet die Bibel formuliert. Wahrer und romantischer kann man es auch heute nicht sagen.

Die große Weltliteratur kennt das ewige Schema der Suche zwischen Mann und Frau schon lange. Weil Sex zwar ein großes Spiel ist, aber nur dann erfolgreich gespielt wird, wenn keiner gewinnen will. Die Eroberung ist der Weg und das Ziel. Doch wie viele Männer verstehen Frauen vielleicht noch viel weniger als früher – weil nicht einmal die Frau mehr weiß, worauf und auf wen sie wartet?

Ein Freund berichtete mir über die Begegnung mit einer alten Schulfreundin. Man hatte sich Jahre nicht gesehen. Sie hatte Karriere gemacht. Ein perfekter Körper mit perfektem Job lud ein in ihre perfekte Wohnung. Sie war schon betrunken, als er ankam. Ihr Körper klappte schließlich auf dem Fußboden zusammen, als sie sich splitterfasernackt an seinen Hals warf. Er hat sie, ganz Gentleman, in ihr Schlafzimmer getragen und mit den teuren Kissen behutsam zur Ruhe gedeckt.

Am nächsten Tag kam der peinlich berührte Entschuldigungsanruf und dieser Satz: «Ich habe mich in meinem ganzen Leben noch nie so geborgen gefühlt wie in diesem Moment, als du mich auf deinen Händen in mein Schlafzimmer getragen hast.» Man möchte weinen.

«Seit Yannick leuchtet ihr Körper nur noch nach innen.» Ein Satz aus Julia Willmanns neuem Roman *«Was es ist»*, über eine Protagonistin in der inneren Immigration, emotional eingefroren in einem Körper, der nur noch funktioniert.

In einer leeren Wohnung, bezahlt mit einem erfolgreichen Job. Eine Frau, die gefunden werden will. Weiblichkeit, die freigelegt werden will.

Das Weib lockt immer noch, aber wie viele Frauen leuchten nicht mehr nach außen? Haben es vielleicht nie getan. Gib einer Frau das Gefühl: Du. Nur du. Für immer. Nicht verbal angetäuscht, sondern authentisch spürbar. Und sie legt dir ihre Welt zu Füßen. Legt dir ihre Seele frei. Das alte Spiel ist nicht empfänglich für digitale Beziehungsvisionen. Es funktioniert immer noch nach den gleichen Regeln.

Doch wo der Drang nach Konsum all der Möglichkeiten, die das Leben bietet, bis zum Exzess kultiviert wird, ist die panische Angst, etwas zu verpassen, am größten. Nur keine Chance verstreichen lassen, nur keinen Event auslassen. Vergeude nicht dein Potenzial, Mädchen! Mach es alles. So vieles soll erlebt und ausprobiert werden, und die Zeit drängt, das Leben ist endlich. Was könntest du alles tun! Was hättest du alles machen können, wenn … ja, wenn du dich nicht festgelegt hättest auf einen Mann, dich nicht hättest verpflichten lassen zu einem Leben in fester Bindung und in Verantwortung für dieses Kind. Dabei sind wir doch nun wahrlich gewarnt worden vor der Falle der Mutterschaft.

Ich glaube, in keinem anderen Land der Erde wird das Muttersein mit einem derartigen Elan problematisiert wie in Deutschland. Und so ist es vermutlich kein Zufall, dass es ausgerechnet hier die Ergebnisse einer lächerlichen Studie aus Israel zu einer breiten Debatte durch alle Feuilletons und bis in die abendlichen Hauptnachrichten geschafft haben. Im sozialen Netzwerk Twitter kennt man das Phänomen unter dem Hashtag #regrettingmotherhood. Das Bedauern der eigenen Mutterschaft.

Diese «Studie» der israelischen Soziologin Orna Donath fasst die Befragung von sage und schreibe 23 Müttern zusammen, die es heute im Nachhinein bedauern, ihre Kinder bekommen zu haben. 23 Mütter, und weltweit wird nun diskutiert, passt es doch so gut in die heutige Darstellung von Familie:

Kinder, ist das anstrengend, Figur ruiniert, Nerven blank, Karriere im Eimer, Stress in der Beziehung und Geldbeutel leer. Dazu ein Sammelsurium verpasster Chancen, nicht gelebter Erlebnisse, nicht angetretener Weltreisen, nicht ausgelebter Ausschweifungen, nicht gekaufter Dinge und nicht durchgeschlafener Nächte.

Wie viel einfacher wäre doch das Leben ohne Kinder. Weniger Verantwortung, weniger Stress, mehr Geld. Und hat uns nicht sogar eine weltweite Studie mit dem Ergebnis ergötzt, dass man ohne Kinder sowieso glücklicher sei?[30] Weltweit. Was wollt ihr mehr?

Nun hat die wissenschaftliche Forschung es trotz großer Anstrengungen bis heute nicht geschafft, die Reinkarnation in Serie gehen zu lassen. Ob die befragten Eltern also tatsächlich ohne Kinder glücklicher gewesen wären, lässt sich somit niemals tatsächlich nachweisen. Was bleibt, ist nur die Verklärung eines Lebens, das man nie hatte.

Es ist ein bisschen wie in dem Werbespot von Coca-Cola mit dem Slogan «Das Leben, wie es sein soll». Wir sehen in den Spots Helden, die immer cool bleiben, mit der richtigen Reaktion und der richtigen Entscheidung im richtigen Moment. Aber wir bleiben sitzen und träumen weiter von dem Leben, das nicht so ist wie unser armseliges Dasein. Selbstmitleid in Perfektion.

Es passt ja auch zu gut zu dem, was uns als Frauen die Emanzipationsbewegung schon immer warnend zurief. Dieses Kinderkriegen ist ein Problem, gut, dass ihr heute abtreiben dürft. Dann muss man ihn nicht hinnehmen, diesen Klotz am Bein, diesen Ausbremser bei der Selbstverwirklichung. Haben wir doch schon immer gewusst, nichts als Mühe und Ärger machen die Blagen. Und dann stürzen sie uns auch noch ins Unglück.

Orna Donath scheint jedenfalls aus der gleichen feministischen Schule zu stammen wie die de Beauvoirs, Badinters und Schwarzers dieser Welt, und außerdem hat sie offenbar mit hellseherischen Kräften die Gehirne aller Mütter nach ihrer Motivation durchleuchtet und weiß deswegen: «Es ist die Gesellschaft, die entscheidet, dass Frauen Kinder wollen, wollen sollen – oder irgendwann, früher oder später in ihrem Leben, [haben] wollen werden.»

An anderer Stelle behauptet sie, das Glück der Mutterschaft sei nur ein «kulturelles und historisches Konstrukt». Man möchte mit dem Kopf auf die Tischplatte fallen.

Großartig auch die Liste der Gründe, weswegen diese 23 Mütter aus der Studie dann im Nachhinein doch lieber nicht geboren hätten. Die einen beklagen den Verlust der Kontrolle über ihr Leben und über ihre Selbstbestimmung, aber auch über die eigenen Beziehungen. Andere weinen verpassten beruflichen und privaten Chancen hinterher. Nicht zu vergessen der verpassten Befriedigung ihrer sexuellen Bedürfnisse. Sie waren ermüdet von der ständigen Verantwortung, die sie zu tragen haben.

Nun sollte es sich inzwischen als Binsenweisheit herumgesprochen haben, dass das Leben sich verändert, wenn man Kinder bekommt. Sind das nicht alles Dinge, die man heute schon vorher weiß? Keine der befragten Mütter ist gegen ihren Willen schwanger geworden, manche haben sogar drei Kinder. Und alle sagen, sie würden ihre Kinder lieben.

Es ist das Klagen von Frauen, die zwar gerne Kinder haben wollen, es soll sich aber möglichst nichts ändern. Die Wohnung soll aussehen wie vorher, der Job funktionieren wie vorher, die Paarbeziehung soll sein, als hätte man noch keine Kinder, und der nächtliche Schlaf ist natürlich sakrosankt.

Was werden wir als Nächstes öffentlich bedauern in unserem Leben und, mit Hashtags versehen, im Netz ausdiskutieren, während wir noch tiefer im Selbstmitleid baden? #regrettingfatherhood wäre allein aus Gleichstellungsgründen als Nächstes dran. Die Leiden der neuen Väter müssen unbedingt demnächst auch noch gründlich beweint werden. Erste Werke sind bereits auf dem Buch-Markt zu finden.

Einen bedauernden Vater lernte ich einst auch persönlich kennen. Bei Smalltalk am Pressetisch erfuhr ich schon nach wenigen Gläsern Wein, dass er das dritte Kind wirklich nicht mehr gebraucht hätte und in seinem nächsten Leben gar keine Kinder mehr haben wollte. Er hatte den perfekten Job und perfekt viel Geld. Wir tauschten Kinderfotos aus. Er liebte seine Kinder, sie störten aber seinen Drang nach Freiheit und Anerkennung.

Zu einem echten Renner im Netz könnte zudem der Hashtag #regrettingmarriage werden. Weg mit dem Ex. Wobei sich das ja einfacher lösen lässt als mit den Kindern. Denn während wir den Partner einfach aufs Abstellgleis stellen dürfen, wenn er nicht mehr zu uns oder unserem Leben passt, ist es sozial doch noch ziemlich geächtet zu sagen: «Schätzchen, die Mami gibt dich wieder zurück.» An wen auch?

Von dahin ist es nicht mehr weit zu #regrettingmyage, denn das Altern erscheint zunehmend als Problem, und zu #regrettingmyweight, denn die Fit-for-Fun-Gesellschaft fordert ihren Tribut. Warum also nicht gleich #regrettingmywholelife?

Nein, ich habe nicht wirklich Verständnis für diese #regrettingmotherhood-Debatte. Ich habe den *regretting father* auch nicht verstanden. «Werdet endlich erwachsen!», möchte man diesen Müttern und Vätern zurufen. Es ist unwürdig, das Unglück eures Lebens euren Kindern in die Schuhe zu schieben. Es ist ja auch sehr einfach, die Verantwortung für die eigene Wehleidigkeit im Kinderwagen abzuladen.

Ausgerechnet bei diesen Kindern, die euch ohne Bedingung und ohne Berechnung lieben, so wie ihr seid. Was für ein Geschenk. Ihr bekommt Liebe ohne Ehevertrag und ohne Konditionen und schmeißt sie weg.

Das Buch zur Studie «Regretting motherhood» wird vom Verlag als «Tabubruch»[31] angepriesen. Dass ich nicht lache. Wo ist das Tabu? Wir werden seit Jahrzehnten medial vollgetextet mit der Warnung, dass wir noch bitter bereuen werden, wenn wir uns auf das Abenteuer Mutterschaft einlassen. Das einzige Tabu, das es in Sachen Kinderkriegen in unserer Gesellschaft gibt, ist nicht, zu bereuen, ein Kind bekommen zu haben, sondern die Reue, es nicht bekommen, sondern abgetrieben zu haben. Ihr wollt über Tabus reden? Gerne.

Bei uns agiert eine ganze Gesellschaft verlogen, denn inzwischen sind die meisten von uns Betroffene. Eine jahrzehntelange Abtreibungspraxis, die den Ausnahmefall zur Regel machte, ging nicht spurlos an uns vorbei. Kaum jemand, der nicht eine Frau, eine Mutter, eine Tochter, eine Freundin oder eine Kollegin kennt, die es hat «wegmachen lassen». Gerne redet keine darüber.

Nicht, weil die Gesellschaft sie ächten würde, sondern weil es Gedanken freisetzt, die man selbst gerne ungedacht lässt. Weil die Schuldfrage zwar gesetzlich erfolgreich genommen wurde, persönliche Erlösung aber leider nicht staatlich zugeteilt werden kann. Wie würde mein Kind heute aussehen?

Wie viele Beziehungen mögen gescheitert sein an der bitteren und nie ausgesprochenen Erkenntnis: Er hat mich nicht davon abgehalten. Im Gegenteil. Wie viele Kinder mehr hätten wir wohl in unserem Land, wenn die erste Reaktion von Männern, Freundinnen und Familie nicht so oft wäre: «Oh mein Gott» – sondern: «Oh wie schön».

Oft fehlt nur ein einziger Mensch, der den erlösenden Satz sagt: «Bekomm dein Kind.» Stattdessen ist es nicht selten um Himmels willen der falsche Zeitpunkt, der falsche Mann, das unperfekte Kind.

Die Erschütterung des Schmerzes, den viele Frauen auch noch Jahre danach fühlen, sollte eine Warnung sein. Tatsächlich darf eine Frau in Deutschland zwar öffentlich ihre Mutterschaft beweinen, aber wehe dir, Frau, du bereust, das Kind nicht bekommen zu haben. Dann ist die Frauensolidarität wieder mal ganz am Ende.

Bis heute verweigert die Gesellschaft ihre Solidarität diesen Frauen, die bereuen, was man ihnen als Freiheit verkauft hat. Und was als Bumerang manchmal erst Jahre später zurückschlägt. Abtreibung sollte doch schließlich eine Lösung sein und nicht der Beginn eines Problems.

Es ist keine Errungenschaft der Zivilisation, dass wir das Töten von Kindern professionalisiert haben, und keine Errungenschaft für die Mütter, dass sie das perfide «Recht» bekommen haben, ihre eigenen Kinder töten zu dürfen. «Jede neu erreichte Macht von Menschen über die Natur ist auch immer eine Macht über Menschen. Jeder Fortschritt macht manche stark und andere schwach», formuliert es C.S. Lewis in seinem Buch *Die Abschaffung des Menschen*.[32]

Der Triumphwagen des medizinischen Fortschritts schleppt eben auch Gefangene hinter sich her: Frauen und Kinder. Der internationale Exportschlager Abtreibung schlägt ausgerechnet auf diejenigen zurück, die ihn am lautesten eingefordert haben: die Frauen. Wir haben die Abtreibung in die Welt getragen, und jetzt werden weltweit vor allem Mädchen abgetrieben. Der Feminismus frisst seine Töchter, und alle schauen verschämt weg. Allein in Indien und China sprechen wir von insgesamt 160 Millionen Mädchen, die fehlen. Bei Wikipedia hat es diese Tragik inzwischen zu einem eigenen Genre gebracht: Man spricht von «Femizid».

«Stell dir vor, ich könnte heute einen volljährigen Sohn haben.» Es war eine späte und schmerzhafte Feststellung einer Freundin, die jenseits der vierzig mit allen Mitteln der medizinischen Kunst erfolglos versuchte, doch noch Mutter zu werden. Ein Kind zu bekommen, das sich trotz zahlreicher Versuche nicht einstellen wollte; es war zu spät. Damals, mit Anfang zwanzig, schien alles möglich und so vieles noch nicht gelebt. Damals dachte sie: «Das kann ich doch noch später haben.» Damals hatte sie das Kind in ihrem Bauch nicht angenommen.

Sie wird nie Kinder haben. Die Ehe ist an diesem jahrelangen Bemühen zerbrochen. Übrig geblieben ist eine befruchtete Eizelle in einem Tiefkühlfach. «Mein Eisbärchen», nannte sie es. Nach der Scheidung wusste sie nicht, was damit geschehen soll. Einfach wegwerfen konnte sie es nicht. Es liegt immer noch auf Eis.

Wenn die Wunschkind-Industrie mit ihrem medizinischen Latein am Ende ist, bleiben unerfüllte Muttergefühle zurück. Das ist echtes Bedauern.

«Bin ich ein Wunschkind?», fragte mich einst das Mädchen, das damals vor achtzehn Jahren völlig ungeplant in mein Leben brach und damit mich und alles ins Wanken brachte, was auf meinem Lebensplan gestanden hatte. Sie wollte so gerne gewünscht sein. Wie beim Christkind auf dem Zettel bestellt und dann geliefert, um Freude zu verbreiten. Ihre beste Freundin hatte sich als Wunschkind gebrüstet, nun wollte sie auch eines sein.

Drei weitere Geschwister hörten schlagartig auf zu essen und dafür am Esstisch aufmerksam zu. Und es war spontan wieder da, das Gefühlschaos von einst; ich weiß noch heute, wie ich damals heulte. Keine Frau lässt so eine Nachricht kalt.

«War ich eigentlich ein Wunschkind?» Vier Kinder, die wir angenommen hatten, wie sie kamen, wollten eine Antwort. Muss man sich ein Kind vorher erst explizit wünschen, um es anschließend grenzenlos zu lieben? Und so antwortete ich ehrlich, wie es war:

«Nein. Wir haben euch nicht vorher geplant, und ihr wart nicht auf Wunsch bestellt. Aber wir haben uns trotzdem über jeden Einzelnen von euch gefreut.»

Und vielleicht ist das inzwischen mehr wert.

Kapitel 12
Weibliche Frauen

Und, wo ist sie jetzt, die Verheißung der großen Freiheit für die Frau? Die große Zukunftsvision, auf die man uns hinarbeiten lässt und die doch gerade dann immer weiter in die Ferne rückt, je drängender wir ihr hinterherrennen. Ich sehe sie nicht. Ich sehe nur erschöpfte Frauen. Und übrigens gleichzeitig auch erschöpfte Männer. Viele nicht einmal mehr auf der Suche nach einem Sinn im Leben, weil sie schon gar nicht mehr wissen, dass es einen Sinn geben könnte abseits dessen, was sie täglich für eine Art von Normalität halten.

Was sollen wir auch auf dieser Welt, wenn wir von all dem «befreit» werden, was das Leben doch erst kostbar und liebenswert macht? Wovon sollen wir uns ständig befreien lassen, und vor allem: wozu?

Man sagt mir, ich müsse mich von den Zwängen befreien, die mir meine Familie, mein Mann und meine Kinder auferlegen. Von der freiwilligen Fessel, die mich daran hindert, abseits von Heim und Herd etwas viel Sinnvolleres, Größeres und Bombastischeres zu tun, als ich zu Hause jemals erschaffen könnte.

Ich soll mich von meiner Weiblichkeit befreien, die nur ein Klischee sei, das mich daran hindere, das zu tun, was Männer seit Jahrtausenden tun. Ja, es soll angeblich wahnsinnig erfüllend sein, sich täglich auf den Schlachtfeldern des Lebens zu verausgaben. Befreit zum Arbeitsbienchen im Büro. Danke auch.

Und bis heute bekam ich von keiner meiner bemühten «Befreierinnen» die Antwort auf die Frage, warum ich mich ausgerechnet von jenen Menschen befreien soll, die mir die Liebsten sind, die ich um mich haben, lieben und behüten will. Deutlicher kann man nicht zeigen, dass diese viel besungene «Befreiung» in Wahrheit in den Verlust von Liebe mündet. Den Verlust von Beziehungen, denn diese sind immer bindend. Verbindlich. Einnehmend. Fesselnd. Und gerade deswegen so unwiderstehlich schön.

Eine Mutter, die einem Kind das Leben schenkt, gibt völlig kopflos und ohne Berechnung ein geschenktes Versprechen ab: Lebenslänglich Ja. Lebenslänglich Du. Du, mein Kind. Das ist das unbezahlbare Startkapital, das wir unseren Kindern für ein eigenständiges Leben schenken. Die Sicherheit, dass wir sie nicht fallen lassen. Niemals. Weil wir nicht angetreten sind, um abzuhauen, sondern um dazubleiben. Nicht weil wir müssen, sondern weil wir wollen. Auch dann, wenn wir denken, wir können nicht mehr.

Eine Mutter schützt ihr Kind. Das ist alternativlos. Nirgendwo ist dieses Wort passender zu verwenden. Wir fliehen nicht bei Gefahr, wir stellen uns schützend vor unsere Kinder. Wir sind Muttertiere. Wir geben unseren Kindern Geborgenheit, wir wiegen sie in Sicherheit, wir hüten ihr Nest, wir wachen über ihrem Schlaf. Wir halten die Monster unter dem Bett in Schach. Jeden Abend aufs Neue, wenn es sein muss. Und wir stellen sicher, dass jeden Morgen ein Glas mit warmer Milch wartet, wenn sie die Augen wieder vorsichtig öffnen.

Es ist mir egal, wenn die Berufsfeministinnen all dies schrecklich finden. Ihr müsst ja nicht mitmachen, aber lasst uns doch einfach in Ruhe, und werft uns nicht ständig noch Knüppel zwischen die Beine und Steine in den Weg. Was wäre schon geholfen, wenn gerade Frauen untereinander sich einfach gegenseitig stehen lassen würden! Wenn der ideologisch überladene Zickenalarm endlich aufhörte. Ich zwinge niemandem mein Leben auf, und ich hindere niemanden daran, sein eigenes Leben zu entfalten.

Undank wird einem aus dem feministischen Lager an dieser Stelle gerne vorgeworfen. Schließlich sei doch einiges wirklich hart erkämpft worden. Musste erkämpft werden, und zwar tatsächlich gegen den Widerstand von Männern. Richtig! Und das war gut und musste sein. Ja, ja, ja. Wir wissen das alles.

Gefühlt ist das für meine Generation allerdings hundert Jahre her, und wir leben bereits mit großer Selbstverständlichkeit in der Gleichberechtigung von Mann und Frau. Wie lange sollen wir denn jetzt noch vor lauter Dankbarkeit auf Knien rutschen? Ich kann nicht ohne ein großes «Aber» dankbar sein für den furchtlosen Kampf früherer Frauengenerationen, denn es ist nicht alles gut, und dieser Kampf hat seinen Tribut verlangt.

Wenn Frauen heute ihre eigenen Wege gehen, ist das nicht Undank, wir könnten den Müttern der Emanzipation stattdessen auch zurufen: Ihr könnt uns doch nicht zu selbstbewussten, klugen Frauen großziehen und dann von uns verlangen, dass wir nicht eigenständig denken.

Die erste Emanzipation ist die von unseren eigenen Müttern, nicht die von unseren Männern. Und deswegen gerne ein Danke, aber auch: *Danke, es reicht.*

Was wir erleben, ist auch innerhalb der feministischen Bewegung ein Generationenkonflikt zwischen den Müttern, die dafür gekämpft haben, dass es die Töchter einmal besser haben sollen. Und den Töchtern, die ihren eigenen Weg finden müssen. Manche von uns kommen am Ende dieser Überlegungen an Heim und Herd an, andere in einem Eckbüro, und wieder andere diskutieren bis heute gerne täglich neu die Problematik ihrer Weiblichkeit.

Die einen bekommen immer noch gerne Kinder, und die anderen zelebrieren die Kinderlosigkeit als Akt der Freiheit.

Es sind alles Frauenleben. Wir sind alle Töchter der Emanzipation. Alle unterschiedlich. Aber alle dürfen sein.

Can we have it all? – Unter diesem Slogan diskutiert man in den USA die Frage der Vereinbarkeit von Familie und Beruf. Können wir beides haben als Frauen: Beruf und Familie? Ja, natürlich können wir das. Aber nicht gleichzeitig.

Wir haben doch nun schon lange genug zugesehen, wie sich eine Frauengeneration in dieser Doppelbelastung erschöpft hat. Anstatt umzukehren, neu zu denken, treiben wir es aber auf die Spitze. Frauen wollen beides, aber für beides muss es seine Zeit geben. Hintereinander. Menschenwürdig. Weil beide zu ihrem Recht kommen wollen und müssen: die Mütter und ihre Kinder.

Als Muttertier stehe ich mit meiner Position wahrlich nicht alleine da. Allerdings stelle ich immer wieder fest, dass viele Frauen es niemals wagen, ihre echten Sehnsüchte und Lebenswünsche tatsächlich laut auszusprechen, weil der soziale Druck, gefälligst Beruf und Karriere zu wollen, extrem hoch ist.

Viele Frauen schweigen deswegen – vor allem vor anderen Frauen. Stattdessen erzählen mir Headhunter, die sich auf die Vermittlung von Frauen spezialisiert haben, dass sie haufenweise Frauen für Spitzenpositionen suchen, aber nicht finden. Dass sie qualifizierte Frauen nicht vermitteln können, weil diese mit ihren Jobs zufrieden sind und darum seit Jahren selbst verhindern, weiter nach oben zu gelangen. Weil sie dann nämlich keine Zeit mehr für ihre Familien hätten. Und das ist ihnen schlicht wichtiger als irgendein Posten und mehr Geld. Das wiegt den Verlust der verlorenen Zeit mit den Kindern nämlich nicht auf.

Professionelle Coaches erzählen mir von den Frauen vierzig plus, die plötzlich aus heiterem Himmel entlassen und durch jüngere ersetzt werden und auf einmal vor dem Nichts in ihrem Leben stehen. Wie diese Frauen in den gecoachten Einzelgesprächen von Mann, Kind und spießigem Reihenhaus träumen, dies aber niemals vor den Kolleginnen zugeben würden. Und erst mit vierzig realisieren, dass sie nach dem Gespräch in eine leere Wohnung zurückfahren. Sie haben zu lange das Leben der anderen gelebt und das eigene vergessen.

Ich kenne die Frauen, die versucht haben, alles ganz modern zu gestalten mit ihren Männern, die Elternzeit genommen haben. Die taffen Ladies sind stattdessen morgens ins Büro gefahren und haben das Geld für die ganze Familie verdient. Auch sie reden oft nur unter vier Augen von dem Messer, das es ihnen ins Herz rammte, wenn sie abends erzählt bekommen haben von dem ersten Wort ihres Kindes, dem ersten Schritt – und nie waren sie dabei. Sie lächeln tapfer, denn alle bewundern diesen vorbildlich partnerschaftlichen Rollentausch, von dem man doch so viel hört, und in Wahrheit haben sie gelitten wie ein Hund.

Ich will nicht anzweifeln, dass es die Frauen gibt, die weder Mann noch Kind noch Heim wollen. Die in ihrem Beruf aufgehen und die den Krippenplatz schon für ein Baby von drei Monaten suchen. Sie sollen es bekommen, wenn sie meinen. Ich habe allerdings auch keine Lust, mir von den sogenannten «Working Moms» erklären zu lassen, dass es die nicht berufstätigen Frauen sind, die ihnen das Leben versauen.

Exemplarisch formulierte es einst Nicole Beste-Fopma, Chefredakteurin des Magazins «LOB – für berufstätige Mütter und Väter» in einem Beitrag: Die Mütter, die immer die Familie dem Beruf vorziehen, machten es damit den anderen Müttern, die arbeiten wollten, schwer. Denn das Image sei dann ruiniert. So-so.

Mal eine Gegenfrage: Was wäre los in diesem Land, wenn alle Hausfrauen laut die Berufstätigen beschimpfen würden, weil die ihnen den Ruf ruinieren und sie wegen der Karrieredamen zu «Heimchen am Herd» degradiert werden? Eben.

Immer noch wabert leider der Geist von Simone de Beauvoir durchs Land, wonach man es am besten verbietet, was Mütter da tun. Das ist fast so herrlich wie diejenigen, die uns vorrechnen, welchen volkswirtschaftlichen Schaden Mütter doch verursachen durch ihr unproduktives und damit faules Dasein. Ökonomen haben es passend formuliert. Sie nennen es schlicht die «Inaktivitätsquote», wenn sie von Frauen sprechen, die nicht am Arbeitsleben teilnehmen. Logisch, inaktiv. Paralysiert am Herd. Ich kann es nicht mehr hören.

Was für ein Irrsinn ist es doch zu glauben, eine Mutter, die nicht berufstätig sei, würde nichts erschaffen. Tatsächlich schafft jede Mutter das, was unbezahlbar ist: Leben. Kleine, wunderbare Menschenkinder. Und diese werden nicht von alleine groß, sie brauchen uns dafür. Aus hilflosen kleinen Nesthockern müssen eigenständige Menschen werden. Personen. Persönlichkeiten. Das geschieht nicht über Nacht. Und sie wachsen keinesfalls schneller, nur weil wir keine Zeit haben.

Genauso wenig, wie man an Blumen ziehen kann, damit sie schneller groß werden, können wir an Kindern zerren, um sie schneller selbständig und unabhängig von der Fürsorge ihrer Eltern werden zu lassen. Und genauso wie eine zarte Blume einen geschützten Raum braucht, um in Ruhe zu gedeihen, brauchen Kinder das, was Mütter am besten schaffen können: ein Zuhause. Einen Ort der Gegenwart und der Präsenz. Einen Ort, an dem man angenommen wird, wie man ist.

Dieses Buch könnte auch «Die Kümmelsuppe meiner Mutter» heißen. Nichts verbinde ich mehr mit Trost als die Erinnerung an die Zeiten, wenn ich krank war und es mir schlecht ging. Wenn die Bauchschmerzen mit warmen Händen auf dem Bauch und warmer Suppe im Bauch weggepustet wurden. Niemand anderen wollte ich in diesen Momenten als meine Mama. Jeder andere wäre nur Ersatz gewesen. Nicht, weil ich meinen Vater nicht liebte oder meine Oma nicht auch Kümmelsuppe hätte kochen können.

Sondern deswegen, weil eine Mutter nicht irgendeine austauschbare Frau ist, sondern eine Mutter. Die *eine* Mutter, die jeder hat und jeder braucht. Das, was meine Kinder immer wieder bis heute in zwei Worte fassen: «meine Mama».

In den Schützengräben des Zweiten Weltkrieges riefen die sterbenden Männer nach ihren Müttern. Erwachsene Männer, jung und stark, nicht selten freiwillig in sinnlose Kriege gezogen, um ihre Ideale, ihre Heimat und ihre Familien vor Feinden zu beschützen. Echte Männer. Im Moment ihrer größten Angst, ihrer größten Verlassenheit und Verzweiflung, riefen sie nach ihren Müttern. Es zerreißt einem das Herz.

Doch mit dem gleichen Tempo und Maß, mit dem heute Männlichkeit schlechtgeredet wird und zunehmend unterdrückt wird und verschwindet, droht die Weiblichkeit sich aus der Welt zu verabschieden und mit ihr das, was Millionen von Frauen auszeichnet: ihre Mütterlichkeit.

Mütter sprechen die Sprache der Herzen. Die Sprache, die auch ohne Worte auskommt. Die Form der Kommunikation, die auch schon dann funktioniert, wenn Sprache intellektuell noch nicht möglich ist, etwa bei einem Kleinkind.

Der stumme Blick dieses Kindes, das ich nachts stillte, sprach Bände. Wir verstanden uns wortlos. Die Sprache des Herzens greift auch dort, wo Sprache manchmal nicht mehr möglich ist, wie bei Kranken und Sterbenden.

Wir sprechen mit den Augen und mit den Händen. Wir berühren, streicheln, liebkosen, wir singen vor und lesen aus Büchern. Seelennahrung für Kinder. Und deswegen ist die Muttersprache nicht nur eine Worthülse, die beliebig in «Erstsprache» oder demnächst wohl «Kitasprache» umbenannt werden kann, sondern die Sprache unserer Mütter. Wer die Muttersprache entkernt, betreibt eine Erosion der Menschlichkeit. Sprache kann in Worte gefasste Liebe sein. Sprachlosigkeit braucht aber diesen ganz besonderen Resonanzraum, um nicht zur Leere zu werden.

«Man sieht nur mit dem Herzen gut», lässt Antoine de Saint-Exupéry seinen kleinen Prinzen sagen. Eine Mutter sieht zuerst mit dem Herzen und dann erst mit den Augen. Wie sonst könnten wir all die Fehler und Querschläger unserer Kinder ständig «übersehen»? Wir glauben daran, dass unsere Kinder etwas Besonderes sind. Wir sehen in ihnen, was sie noch nicht sind. Was sie sein könnten. Wir nennen sie unablässig bei ihrem Namen und rufen sie so ins Leben.

Auf die physische Geburt folgt die soziale Geburt. Muttertier-Terrain. Wir sprechen ihnen zu, dass sie großartig sind, klug und schön. Einzigartig. Wir sehen sie so, weil wir sie lieben. Es ist das größte Unterpfand, das wir ihnen mitgeben können. Warum lassen selbst die schlimmsten Knastbrüder und Ghetto-Gangster nichts auf ihre Mama kommen? Weil sie wissen, dass sie nicht selten die Einzige ist, die ihren Jungen trotz allem nicht fallen lässt.

Dass man uns als Mütter aus dem Haus treiben will und unsere Kinder möglichst schon als Säuglinge direkt gleich mit in fremde Hände schickt, ist deswegen ein Angriff auf das, was das Fundament unserer Gesellschaft ausmacht: die Familie. Es ist die Axt, die an die Wurzel angesetzt wird. Die Nachkriegsgenerationen hatten an der vaterlosen Gesellschaft zu leiden. Gerade treibt man uns im Namen der Freiheit in die Ära der mutterlosen Gesellschaft. Damit wären dann bald alle Wurzeln gekappt. Glückwunsch.

Zerschlag die Weiblichkeit, und es wird keine Mutterschaft mehr geben. Zerschlag die Mutterschaft, und es wird keine Familien mehr geben. Zerschlag die Familien, und es gibt kein Zuhause mehr. Zerschlag das Zuhause, und es gibt keine Menschlichkeit mehr. Ohne Mutterschaft keine Kinder, keine Familie, kein Zuhause, keine Zukunft.

Wir müssen unser Zuhause um unserer selbst willen retten. Zuhause, das ist Familie, das ist Ankommen, das ist scheinbar sinnlos verprasste Zeit voller Liebe und emotionaler Zuneigung. Kein Wunder, dass sie bisher noch fast allen Machthabern ein Dorn im Auge war. Familie, das ist die Ruhe im Auge des Sturms. Es braucht jemanden, um diesen

Ort zusammenzuhalten, damit wir nicht mit der Zentrifugalkraft des Lebens hinausgeschleudert werden, noch bevor wir reif dafür sind.

Familie ist der Ort, an dem wir scheitern dürfen und aus dem man uns deswegen nicht verstößt, sondern erst recht in die Arme schließt. Wenn dieses Zuhause nicht mehr entstehen kann oder darf, ist das Leben nur noch ein Kampf. Der Raum, den wir Zuhause nennen, ist nicht ein Zimmer, sind nicht die vier Wände, in denen wir wohnen. Sie wären austauschbar. Zuhause ist der Resonanzraum, in dem wir im besten Fall sein dürfen, wie wir sind. In dem wir zusammengehalten werden, wenn wir aus den Fugen zu geraten drohen.

Es waren schon immer die Mütter, die dieses Zuhause geschaffen und zusammengehalten haben. Nimm die Mutter aus dem Auge des Sturms, und das ganze Gefüge gerät ins Schlingern. Die Frage, wie viel Nähe, wie viel Liebe, wie viel Zeit, wie viel Emotionalität und auch Mitgefühl die Mütter ihren Kindern entgegenbringen, entscheidet über die Menschlichkeit der nächsten Generation.

Besonders deutlich zeigt sich dies in der Frage, wie Mütter ihre Söhne erziehen. Ob sie ihnen zugestehen, schwach sein zu dürfen, Trost zu brauchen, Mitgefühl und Rücksicht zu schenken. Mütter sind es, die darüber entscheiden, welches Verhältnis ihre Söhne später zu anderen Frauen haben werden. Das Urbedürfnis nach den Armen der eigenen Mutter ist nicht delegierbar. Nicht bezahlbar. Das ist kein Produkt von Care-Arbeit. Das ist der Hunger nach Liebe.

Kinder großzuziehen ist keine Frage von Erziehungs- und Pflegepersonal, von professionellen Ärzten und Vollpension. Zwischen den beiden Weltkriegen gab es die Kinderlandverschickung, um Kinder physisch aufzupäppeln. Gut gemeint, aber die psychischen Folgen dieser unzeitigen Trennung von daheim sind legendär.

Nicht nur Mütter und Väter, sondern Gott sei Dank die Mehrheit der Bevölkerung würde heute bei einem derartigen Vorschlag entgeistert reagieren. Liebe und Nähe sind nicht delegierbar. Geborgenheit kann nicht professionell nachgestellt werden. Trost muss vom richtigen Menschen, zur richtigen Zeit mit den richtigen Worten oder dem richtigen Schweigen kommen, sonst zählt er nicht. Wir Menschen sind keine Maschinen, deren Stromverbrauch man drosseln kann. Der Hunger nach Liebe kann nicht mit Energiesparlampen beleuchtet werden. Es braucht brennende Herzen, wärmende Worte, ewiges Licht.

Deswegen suchen wir doch auch als Erwachsene immer noch nach dem Feuer, an dem wir uns wärmen können, wenn das Leben kalt, dunkel und stürmisch ist. Wir brauchen ein Zuhause, einen Ort des Ankommens. Wir suchen es dann aber nicht mehr in unserem Elternhaus, sondern bei einem Gefährten, der dieses lebenslange Ja unseres Elternhauses aufgreift, erweitert und mit dem wir ein eigenes, neues Zuhause schaffen. Der Lauf der Generationen, seit Bestehen der Menschheit.

Das «Auf immer und ewig» verliert nicht an Attraktivität, nur weil wir den Kinderschuhen entwachsen sind. Es fängt uns zumindest als Frauen in den Brautschuhen wieder ein. Wir wollen es hören von unseren Männern. Millionen von uns schmachten immer noch vor dem Fernseher bei jeder romantischen Filmhochzeit. Ist das kitschig und blöd? Ja! Aber es ist echt, weil es uns anrührt. An die Sehnsucht erinnert, die wir alle in uns tragen.

Und wie aberwitzig erscheint in diesem Licht der Pseudo-Ersatz von bunter sexueller Freiheit auf Berliner Sex-Partys. Wie irrsinnig, zu glauben, die Befriedigung von Lust könnte jemals das Entbehren von Liebe aufwiegen.

Wir wollen lieben und geliebt werden. Und deswegen arbeiten sich meine feministischen Schwestern immer noch an den Falschen ab, merken es aber nicht. Sie werden erst aufgeben, wenn die letzten Reste der christlichen Kirchen auf dem Scheiterhaufen brennen und mit ihnen jegliche Ethik, Moral und Anstand. Sie werden erst Ruhe geben, wenn der letzte Rest von Familie vernichtet, Männlichkeit nur noch im Untergrund und in fernen Kriegen ausgelebt wird und Weiblichkeit nur noch als problematisches Relikt früherer

Zeiten die Regalwände in der Bibliothek der Gender-Institute füllt.

Warum sind glückliche Mütter so ein Affront? Weil sie ein Mahnmal sind. Weil sie uns vor Augen führen, wie es auch anders sein kann, jenseits unseres gehetzten Lebens.

Jede Mutter am Rand eines Sandkastens ist in Wahrheit gelebter Widerstand gegen das System. Die stille Revolution am Wickeltisch. Sie ist eine Kampfansage gegen die Machthaber und Systeme – seien sie kommunistisch oder kapitalistisch –, die ihr die Zeit und das Kind entreißen wollen. Sie ist Avantgarde, weil sie die Zukunft hütet, während der vermeintliche Mainstream erfolgreich am eigenen Aussterben arbeitet.

Warum sind Hausfrauen ein Affront? Weil sie existieren. Weil sie immer noch da sind. Sichtbar. Solange man sie vor Augen hat mit ihren Kindern an der Hand, sind sie Erinnerung. Sie sollen weg aus dem Straßenbild, aus den Schulbüchern und den Medien, sonst funktioniert das Vergessen nicht. Das Konzept der Unsichtbarkeit.

Der Pädagoge Heinrich Spaemann formuliert die tiefere Wahrheit, um die es hier geht, prägnant: «Was wir im Auge haben, das prägt uns, dahinein werden wir verwandelt, und wir kommen, wohin wir schauen.»

«Wenn ich später eine Mama bin», formuliert es weniger philosophisch, aber nicht weniger wahr meine Jüngste. Mütter sind Vor-Bilder im wahrsten Sinne des Wortes. Was wir vor-leben als Mütter und Väter, werden unsere Kinder nachahmen.

Wo sind sie, die ganz normalen Männer? – Das fragte mich einst eine junge Frau, die nach einer langjährigen festen Beziehung nach über zehn Jahren wieder auf dem freien Markt war und langsam verzweifelte.

Früher hätte es doch die ganz normalen Kerle gegeben. Die netten. Auf deren Wort man sich verlassen konnte. Sie suchte keinen unerreichbaren Prinzen, sondern eine feste Beziehung. Ganz normale Männer, auf die man aber bauen kann. Wo sind sie hin? Stattdessen unverbindliche große Jungs, die sich nicht festlegen wollen. Sich nicht dauerhaft binden und schon gar nicht die Verantwortung für eine Familie übernehmen wollen. Kinder? Ja, später vielleicht. Deren biologische Uhr tickt nicht so laut wie die der Frauen.

Wo sind die ganz normalen Frauen hin? – Das höre ich im Gegenzug aber auch von Männern. Weibliche Frauen, so wie Mann sich die Frau offenbar wünscht. Die seine Kinder großziehen würde, die zu schätzen weiß, dass er bereit wäre, das Geld dafür ranzuschaffen. Die sich noch die Tür aufhalten lässt und der man noch ein Kompliment machen kann, ohne dass sie einen hysterischen Anfall bekommt, weil das angeblich ihren zweifellos brillanten Geist unterminiert.

Stattdessen überarbeitete, emotional dünnhäutige Katzenliebhaberinnen mit Laktoseintoleranz.

Wir haben es als Frauen selbst ruiniert. Die Diskurshoheit über die Frage, wie der Mann von heute zu sein hat, hält nämlich in unserer Gesellschaft die Frau. Oder besser gesagt, wir haben den Diskurs zu lange einer Handvoll Frauen überlassen, die selbst offenbar derart viele Probleme mit ihrer eigenen Weiblichkeit haben, dass ihnen Männlichkeit nicht als begehrenswertes Gegenüber, sondern als Bedrohung erscheint. Früher hätten wir ihnen einen guten Therapeuten besorgt, heute verteilen wir an diese Damen Lehrstühle.

Es ist nicht die Schuld des Mannes, dass er nun genau das tut, was wir seit Jahren von ihm verlangen: Er verweichlicht. Problematisch ist nur, dass wir ihn so nicht mehr begehren. Und so leben wir mit dem Dilemma, dass wir vorgeben, diese neuen modernen Männer zu suchen, von denen man so viel hört, in Wahrheit aber die echten Kerle wollen, die wir zunehmend nicht mehr finden.

Es ist ein Privileg, eine Frau zu sein, und die meisten Frauen sind es trotz allem Gott sei Dank immer noch gerne. Wir sind das schöne Geschlecht, begehrenswert, wir können Leben empfangen und Leben schenken. Wir könnten uns lieben und auf Händen tragen lassen, die meisten Männer sind dazu tatsächlich immer noch bereit. Was für ein Geschenk.

Warum lassen wir uns das nun schon seit Jahrzehnten schlechtreden?

Männlichkeit ist kein Problem, sondern eine Notwendigkeit für uns. Gerade für uns Mütter. Nicht nur, weil wir Männer in der Regel begehren, lieben und auch bewundern wollen, wir brauchen ihren Schutz und ihre Stärke. Niemals sind wir als Frauen schwächer als in den Momenten, in denen wir Mütter werden. Das kann man nun beweinen und versuchen zu verhindern – und sich damit selbst die einzigartige Erfahrung nehmen lassen, Mutterschaft auszuleben.

Oder wir tun es einfach. Geben uns dem Leben hin. Lassen Leben entstehen. Lassen zu, dass er unser Zelt hütet und die Brut beschützt. Lassen ihn Mann sein. Männer tun das nicht, um uns zu degradieren, sondern weil wir aufeinander verwiesen sind. Uns gegenseitig brauchen. Uns gegenseitig lieben.

Wann denn der richtige Zeitpunkt sei, Kinder zu bekommen, kam einst die Frage aus dem Publikum an mich gerichtet. Die Antwort ist einfach: Jetzt! Sofort! Worauf wollt ihr denn noch warten? Dass es zu spät ist? Es gibt niemals den perfekten Zeitpunkt, um Mutter zu werden. Rational spricht immer etwas dagegen. Zu jung, zu alt, gerade erst in der Ausbildung, gerade erst fertig. Gerade erst den neuen Job angetreten. Gerade erst den Kredit für das Haus aufgenommen. Gerade erst befördert worden.

Und ja, es gibt sie auch noch, die passenden Männer dazu, die gerne Männer sind. Die sich von uns in den Wahnsinn treiben lassen, die uns nicht verstehen, aber dennoch nachsichtig lieben und uns verteidigen.

Der deutsche Psychiater und Philosoph Karl Jaspers nannte die Ehe einen «liebenden Kampf». Es ist einer, der nicht nach Siegern sucht, sondern nach Mitstreitern. Hier treffen nicht Rivalen, sondern Gefährten aufeinander. Weil es nicht darum geht, am Ende sagen zu können: «Ich habe aber gewonnen.» Sondern sagen zu können: «Wir haben gemeinsam gekämpft.» Füreinander und miteinander.

Wir werden als Frauen aber erst dann die männlichen Männer finden, die Väter für unsere Kinder, wenn wir ihnen mehr Weiblichkeit bieten. Mehr weibliche Frauen.

Anmerkungen

[1] Das «Ehrenkreuz der Deutschen Mutter», von Adolf Hitler 1938 gestiftet.
[2] Hans-Christoph Hempel: *Säuglingsfibel – Entwicklung, Pflege und Ernährung im ersten Lebensjahr*, Leipzig 1973; https://www.amazon.de/Hans-Christoph-Hempel-S%C3%A4ug lingsfibel-Entwicklung-Lebensjahr/dp/B0055H68TK; Link aufs Buch bei amazon.de.
[3] Simone de Beauvoir: *Das andere Geschlecht. Sitte und Sexus der Frau*, Hamburg 2000.
[4] Élisabeth Badinter: *Der Konflikt. Die Frau und die Mutter*, München 2010.
[5] https://www.welt.de/welt_print/debatte/article9303393/Was-heisst-schon-Rabenmutter.html; Zugriff am 24.5.2017.
[6] Johanna Haarer: *Die deutsche Mutter und ihr erstes Kind*, München 1934.
[7] Siehe ihr Kinderbuch: *Mutter, erzähl von Adolf Hitler!*, München 1939.
[8] Nikolai Bucharin und Jewgeni Preobraschenski: *ABC des Kommunismus. Populäre Erläuterung des Programms der Kommunistischen Partei Russlands (Bolschewiki)*, 1920.
[9] Aus Simone de Beauvoir: *Das andere Geschlecht. Sitte und Sexus der Frau*, Hamburg 2000.
[10] Bascha Mika: *Die Feigheit der Frauen. Rollenfallen und Geiselmentalität. Eine Streitschrift wider den Selbstbetrug*, München 2011.

[11] http://www.spiegel.de/spiegel/print/d-143591175.html; Zugriff am 13.6.2017.
[12] Prekariat: Bevölkerungsteil, der, besonders aufgrund von anhaltender Arbeitslosigkeit und fehlender sozialer Absicherung, in Armut lebt oder von Armut bedroht ist und nur geringe Aufstiegschancen hat; Quelle: duden.de.
[13] Judith Rauch: «Prägt das Gehirn uns – oder prägen wir das Gehirn?», in: EMMA, März/April 2017;
http://www.emma.de/artikel/praegt-das-gehirn-uns-oder-praegen-wir-das-gehirn-334181; Zugriff am 24.5.2017.
[14] http://www.bmfsfj.de/RedaktionBMFSFJ/Abteilung2/Pdf-Anlagen/dossier-muetterwerbstaetigkeit,property=pdf,bereich=bmfsfj,sprache=de,rwb=true.pdf; Zugriff am 24.5.2017.
[15] http://www.bmfsfj.de/RedaktionBMFSFJ/Abteilung2/Pdf-Anlagen/Achter-familienbericht,property=pdf,bereich=bmfsfj,sprache=de,rwb=true.pdf; Zugriff am 24.5.2017.
[16] http://www.bmfsfj.de/RedaktionBMFSFJ/Abteilung2/Pdf-Anlagen/monitor-familienleben-2012,property=pdf,bereich=bmfsfj,sprache=de,rwb=true.pdf; Zugriff am 24.5.2017.
[17] http://www.brigitte.de/producing/pdf/fads/Discussion-Paper-2013.pdf; Zugriff am 24.5.2017.
[18] https://www.diw.de/documents/publikationen/73/diw_01.c.431406.de/13-46.pdf; Zugriff am 24.5.2017.
[19] https://www.diw.de/sixcms/detail.php?id=diw_01.c.458214.de; Zugriff am 24.5.2017.
[20] http://www.ifd-allensbach.de/uploads/tx_studies/AKZ_I_Schlussbericht.pdf; Zugriff am 24.5.2017.
[21] http://www.eltern.de/familie-urlaub/familienleben/familie-2017-eltern-wollen-die-wahl-haben; Zugriff am 24.5.2017.
[22] http://www.bmfsfj.de/bmfsfj/aktuelles/presse/pressemitteilungen/-

sprach-kitas--weil-sprache-der-schluessel-zur-welt-ist-/116262; Zugriff am 29.5.2017.
[23] http://www.rhein-zeitung.de/startseite_artikel,-gabriel-auf-die-linken-ist-kein-verlass-_arid,1031880.html; Zugriff am 29.5.2017.
[24] http://www.tagesspiegel.de/politik/krippenpflicht-pflichtbesuche-von-der-krippe-an/984934.html; Zugriff am 29.5.2017.
[25] http://www.faz.net/aktuell/gesellschaft/misstaende-an-deutschen-schulen-eine-lehrerin-berichtet-14871446-p3.html?printPagedArticle=true#pageIndex_3; Zugriff am 29.5.2017.
[26] http://www.atelier-neundreiviertel.de/bilderbuecher-regenbogenfamilien/wie-lotta-geboren-wurde/; Zugriff am 2.6.2017.
[27] http://www.sueddeutsche.de/panorama/leihmutterschaft-schwules-paar-darf-baby-aus-thailand-mit-nach-hause-nehmen-1.2967535; Zugriff am 2.6.2017.
[28] Dieses und die folgenden Zitate: https://www.tip-berlin.de/tanzen-voegeln-sich-frei-machen/; Zugriff am 6.6.2017.
[29] Eugen Rosenstock-Huessy: *Soziologie Band I*, Stuttgart 1956, Exkurs: Das Gesetz der Technik, Seite 80–84.
[30] http://www.spiegel.de/wissenschaft/mensch/weltweite-umfrage-eltern-sind-nicht-gluecklicher-als-kinderlose-a-943490.html; Zugriff am 6.6.2017.
[31] https://www.randomhouse.de/Paperback/Regretting-Motherhood/Orna-Donath/Knaus/e495152.rhd; Zugriff am 7.6.2017.
[32] C.S. Lewis: *Die Abschaffung des Menschen*, Freiburg 1993, Einsiedeln 1979.